职业教育电子商务专业改革创新教材

电子商务创业实务

——微商创业

主　编　王红蕾

副主编　王志锋　刘冬美

参　编　谷　鹏　吉冬军　陈美荣　李　祯

　　　　王君赫　王曼利　张叔阳

主　审　段　建

机械工业出版社

本书从创业者的角度出发，以微网店创业的全流程为线索，详细讲解了微网店创业从认知到创业前期准备再到创业资源管理、平台选择、货源寻找与消费者分析、商品拍摄与美化、微网店开设、微网店推广与活动策划、微网店管理等一系列工作内容，使读者对微网店创业有一个系统的认识，并能根据所学内容完成微网店开设及推广工作。

本书适合作为职业院校电子商务等相关专业在校学生的电商创业教材，也适合微网店创业的初学者参考使用。同时，本书为了帮助读者理解书中的理论知识，以"项目—任务"形式设计学习情景，以真人案例引导，并以二维码的形式展示典型案例及相关知识，在技能实践过程中读者需要结合相关创业平台完成相应部分的操作。整本书为读者呈现出一个完整的微网店创业过程，进而达到使广大读者学以致用的目的。

本书配有助教课件、习题及答案，选用本书作为教材的教师可以通过机械工业出版社教育服务网（www.cmpedu.com）或加入电子商务专业交流群（QQ群：131145640）免费下载。

图书在版编目（CIP）数据

电子商务创业实务：微商创业/王红蕾主编. —北京：机械工业出版社，2018.2（2025.1重印）
ISBN 978-7-111-58944-0

Ⅰ．①电… Ⅱ．①王… Ⅲ．①网店—运营管理—职业教育—教材 Ⅳ．①F713.365.2

中国版本图书馆CIP数据核字（2018）第008393号

机械工业出版社（北京市百万庄大街22号 邮政编码100037）
策划编辑：聂志磊 责任编辑：聂志磊 王 慧
责任校对：马丽婷 责任印制：邓 博
北京盛通数码印刷有限公司印刷
2025年1月第1版第2次印刷
184mm×260mm·13.25印张·350千字
标准书号：ISBN 978-7-111-58944-0
定价：41.00元

电话服务 网络服务
客服电话：010-88361066 机 工 官 网：www.cmpbook.com
010-88379833 机 工 官 博：weibo.com/cmp1952
010-68326294 金 书 网：www.golden-book.com
封底无防伪标均为盗版 机工教育服务网：www.cmpedu.com

2015年6月16日国务院发布了《国务院关于大力推进大众创业万众创新若干政策措施的意见》（国发〔2015〕32号文件），明确指出推进大众创业、万众创新是培育和催生经济社会发展新动力的必然选择，是扩大就业、实现富民之道的根本举措，是激发全社会创新潜能和创业活力的有效途径。目前我国大众创业、万众创新事业蓬勃发展，越来越多的人走上了创业创新的道路，其中通过移动互联网创业成为大部分创业者的主要创业途径。

根据艾瑞咨询对外发布的《2017年中国移动电商行业研究报告》中的数据显示，2016年中国电子商务市场交易规模达20.2万亿元，增长23.6%。中国移动网购在整体网络购物交易规模中占比达到68.2%，比2015年增长22.8%，移动端已超过PC端成为网购市场更主要的消费场景。2016年移动购物市场交易规模为3.3万亿元，同比增长57.9%，增速放缓，移动购物市场进入平稳发展期，未来几年，中国移动购物仍将保持稳定增长。

在整个移动网购市场中，电商巨头仍然占据着市场的大部分份额，如阿里系的淘宝、天猫，在移动电商领域虽占有绝对的竞争优势，但随着旅游、生鲜等垂直领域的火热，仍有大量初创企业涌现。初创企业在新兴领域和新模式探索方面仍有一定的发展机会，如微商、淘宝网移动端等，其中微网店借助它灵活的营销方法以及较低的运营成本成为个人和团体的创业首选。

本书将全面、系统地为读者讲解微网店创业的内涵和实际应用，本书不只是一本单纯地介绍微网店创业的书籍，更是一个突出指导创业实战的法宝。本书共分为十个项目，主线清晰，由浅入深，旨在培养读者拥有统筹设计微网店创业战略的视野和能力。

本书从创业者的角度详细地介绍了微网店创业的相关知识，通过认识、领会和实践三阶段进行分项目教学，以"项目—任务"的呈现形式，设置情景，安排任务，导入真人案例分析。针对关键知识与技能点，设置"知识链接""知识加油站""小技巧""扫一扫"等栏目，以期使读者加深对微网店创业的认识与了解，从而取得微网店创业上的成功。

本书适用于中高职电子商务专业学生，同时也可作为微网店创业者的辅助用书。本书在编写过程中，参考引用了一些网站和纸质媒体发布的最新信息和数据，在此深表感谢。

由于编者水平有限，书中难免存在不足之处，敬请各位专家、广大读者批评指正。

编　者

目录
Contents

项目一　开启电商创业之门

本项目将围绕电子商务创业的基础知识展开，主要介绍电子商务创业的基本概念、SWOT、模式和价值，创业的风险及其对策，创业需要具备的条件以及电子商务创业的一般步骤，为之后的微网店创业学习和实践储备丰富的知识。

通过本项目的学习和研究，读者应了解电子商务创业的概念、SWOT及模式，认识电子商务创业的价值和影响，熟悉电子商务创业的风险，掌握规避电子商务创业风险的对策，掌握创业的具体步骤，明确创业需要的基本条件，加强创业意识。

任务 1　了解创业本质

任务描述

小吴是众多创业大军中的一员，他想利用自己的专业知识结合自身所处环境，开展电子商务创业，但只有想法没有创业经验的小吴不知道该从何入手。电子商务创业的概念和优劣势是什么？电子商务创业模式有哪些？这些都是小吴开始电子商务创业之前需要了解的内容。

任务实施

对于以上问题小吴首先想到的是去图书馆查阅相关资料，同时利用网络搜索关于电子商务创业的基本信息。具体步骤如下。

第一步：了解电子商务创业的概念

小吴通过阅读大量的资料了解到，电子商务是以信息网络技术为手段，以商品交换为中心的商务活动；也可理解为在互联网和企业内部网上，以电子交易方式进行交易和相关服务的活动，如淘宝、途牛旅游网，将传统商业活动通过互联网电子化、网络化和信息化。电子商务的概念涵盖了两个方面：一是离不开互联网这个平台，没有了网络，就称不上电子商务；二是通过互联网完成的是一种商务活动。电子商务创业就是利用电子商务手段实现价值、开创事业。

扫一扫　查看85后帅气小伙8年的创业之路。

知识链接 》》 　　　　　**创业的概念及其要素**

　　创业是创业者通过发现和识别商业机会，成立活动组织，利用各种资源，提供产品和服务，以创造价值的过程。

　　创业是就业的另一种表现形式，创业者不但为自己创造就业机会，而且还主动为他人创造就业机会。

　　创业有广义和狭义之分。广义的创业是指创业者的各项创业实践活动，其功能指向是成就国家、集体和群体的大业。狭义的创业是指创业者的生产经营活动，主要是开创个体和家庭的小业。

　　创业要素包括创业者、创业机会、技术、资金、人力资本、组织、产品服务等几个方面。

第二步：分析电子商务创业的SWOT

知识加油站 》》

　　在战略分析中，SWOT分析是一个众所周知的方法，SWOT分别代表分析项目的优势（Strengths）、劣势（Weaknesses）、机会（Opportunities）和威胁（Threats）。因此，SWOT分析实际上是将创业各方面条件进行综合和概括，进而分析项目的优劣势、面临的机会和威胁的一种方法。

　　所谓SWOT分析，即基于内外部竞争环境和竞争条件下的态势分析，就是将与研究对象密切相关的各种主要内部优势、劣势及外部的机会、威胁等，通过调查列举出来，并依照矩阵形式排列，然后用系统分析的思想，把各种因素相互匹配起来加以分析，从中得出一系列相应的结论，而这些结论通常带有一定的决策性。

　　小吴对电子商务创业项目的一些共同特性进行简要的SWOT分析，分析结果如图1-1所示。

优势 Strengths	劣势 Weaknesses	机会 Opportunities	威胁 Threats
● 无实体店费用支出 ● 低资金门槛 ● 少库存风险	● 商品体验较差 ● 拉新成本过高 ● 客户响应不快	● 销售半径无限 ● 区域特色商品 ● 个性创意产品	● 行业恶意竞争 ● 虚假交易盛行 ● 现金补贴盛行

图1-1　电子商务创业的SWOT分析

一、电子商务创业的优势

（一）无实体店费用支出

电子商务创业相较于传统创业，最大的优势在于无实体店经营，减少了店铺租金、店铺装修等大笔费用的支出。如图1-2所示，同样是化妆品店铺搞活动，实体店在活动中涉及的费用不仅仅是人工费还有门店费、产品折损等，而网店就不存在这些顾虑，除人工成本外无须增加其他费用。

图1-2　实体店与网店活动对比

（二）低资金门槛

电子商务创业初期对资金的要求不高，以淘宝开店为例，普通用户开店最初只需缴纳1000元的保证金，适合大部分无资金来源的青年创业。

（三）少库存风险

大部分的电子商务创业均以经营有形商品为主，如服装、食品、家纺等，电子商务是将有形商品变为无形图片售卖的过程，再通过快递实现无形图片到有形商品的还原。因此，电子商务比传统商业的库存压力要小，由此也降低了库存风险。

二、电子商务创业的劣势

（一）商品体验较差

电子商务缺乏将实物商品呈现给消费者的真实接触途径，几乎都是凭视觉感知，无法像传统商业那样实现视觉、听觉、触觉、嗅觉、味觉的全面感受，在非标品领域表现得尤为明显，如腊肉，无法界定其型号、口味、产地以及生产时间。

> **知识加油站** 　　　　　**标品与非标品**
>
> 标品是指规格化的产品，可以有明确的型号等，比如便携式计算机、手机、电器等。
>
> 非标品是指没有统一衡量标准和固定输出渠道，产品特性和服务形式相对个性化的消费品类，如服装、鞋子等。

（二）拉新成本过高

以淘宝为例，注册卖家数量已经超过800万家。尤其是对新店而言，要想从800多万家店铺中脱颖而出，拉到新客户的成本（拉新成本）不断升高。正是因为如此，才会出现大量的"9.9元包邮"商品，如图1-3所示，店铺通过这种让利引流的方式来实现降低拉新成本的目的。

图1-3　9.9元包邮

（三）客户响应不快

大部分的电商客户均追求极速的客户响应，因为延迟几秒的响应就会导致大量潜在客户流失。比如，某些"淘品牌"会采用人工客服1年365天24小时轮班，即使到了凌晨也会对顾客的咨询在第一时间做出回应，这正是大部分缺乏资金和人手的电商创业者无法做到的。

三、电子商务创业的机会

（一）销售半径无限

受限于传统商业的销售半径，大部分商铺的销售范围较小。客户接触不到店铺，自然无法形成购买。但是电子商务通过互联网将销售半径扩大到无限，如将新西兰、澳大利亚的牛奶卖到中国（见图1-4），这是传统商铺远远无法比拟的。

图1-4 京东进口牛奶

（二）区域特色商品

许多特色商品的生产限于某些特定区域，但是其消费范围却不限于此。纵观成功的电商创业，它们大都以本地特色产品作为主打商品，如温州地区的第一大电商产品就是鞋类，因为鞋业是温州地区的第一大轻工产业，如图1-5所示为某家温州女鞋工厂。

（三）个性创意产品

在大部分的电商产品同质化严重、价格竞争激烈的今天，个性创意产品或许已经成为电商创业的蓝海。网络创意家居用品"阿拉神灯"（见图1-6）是一款集无线蓝牙音箱、彩色灯、闹钟、收音机等多种功能于一体的台灯，可以通过手机蓝牙或者外置TF卡播放音乐，灯光能够伴随音乐的节奏和音量的大小而变换。"阿拉神灯"于2014年在全网获得了超过千万元的销售业绩。

图1-5 温州女鞋工厂

图1-6 阿拉神灯

四、电子商务创业的威胁

（一）行业恶性竞争

由于电子商务的入行门槛较低，尤其是个人网店，所以导致了大量的同行从业人员扎堆进入某些热门行业，带来了行业的恶性竞争。比如某些商品的线上价格远远低于制造成本，导致偷工减料、以次充好的现象出现，使得某些网站的正品率降低、客户信任度不高。如图1-7所示，同款产品有的店家卖259元，有的只卖18.8元。

韩国代购2017春秋短款小外套韩版休闲夹克衫 女装宽松时尚棒球服	¥259.00	20人付款 24条评论
		福建 福州
棒球服女短款修身韩版2017春秋新款宽夹克 短外套气质黑色飞行服	¥169.00	2人付款 145条评论
		浙江 宁波
韩国代购2017春季新款短款黑色棒球服宽松飞 行夹克衫休闲薄外套女	¥269.00	5人付款
		昆号 九元
韩版2017春秋新款飞行员夹克衫女百搭宽松外 套长袖秋季短款棒球服	¥18.80	4人付款
		广东 广州

图1-7 同款产品不同价格

（二）虚假交易盛行

由于大部分的网站采用按交易量等指标排名的顺序显示，使得"刷单"盛行。"刷销量"、"刷信誉"和"刷好评"等虚假交易已经成为电商发展的阻碍，而且严重危害了全行业的秩序，但却一时找不到解决的对策。

（三）现金补贴盛行

某些网站在推出新产品或新服务时为了打压同行竞争、争取市场份额，采用现金补贴政策。例如，图1-8所示的滴滴和快的，在争取客户时采用了现金补贴的方式，短时间内花费几十亿元的资金，同时也挤垮了多家缺乏资本支持的对手。

图1-8 滴滴和快的

搜 一 搜	查看滴滴与快的竞争之战全记录。

第三步：认识电子商务创业模式

为了提高电子商务创业的成功率，小吴对电子商务创业模式进行了研究。他发现电子商务创业的模式主要有网店模式、自建商务平台模式、提供技术服务模式和基于校园网的电子商务创业模式。

一、网店模式

电子商务创业的第三方平台主要包括淘宝、天猫、京东等，图1-9所示为天猫、京东移动平台首页。网店主要是利用网络进行商品出售，客户可以在相应官网上搜索到商品，根据商品介绍及价钱进行购买，过程中有客服服务。购买下单通过网络银行进行付款，卖家按照客户所填写的收货地址进行快递发送。利用第三方交易平台进行开店并出售商品，许多创业者利用微信公众号开店进行创业，例如零食店可以网上预定送货上门、服装店可以到店试穿等。

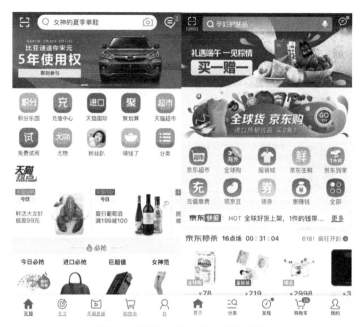

图1-9　天猫、京东移动平台首页

二、自建商务平台模式

这种模式主要指创业者自主建立网站，通过网站来营销产品或者提供服务。这种模式对创业者的技术要求非常高，而且会花费很多资金，会给创业带来很多困难。但对于有实力的企业来说仍不失为一种好的营销手段，如苏宁易购B2C电子商务平台，如图1-10所示。

图1-10　苏宁易购首页

三、提供技术服务模式

该模式对专业知识要求比较高，专业性较强。小吴通过互联网了解到，提供技术服务模式要求创业者了解网站建设、网络营销推广、搜索引擎优化等相关专业知识与技能，用所学知识给相应企业提供他们所需要的网站服务。

就如舒义（国内最早的Web2.0创业者之一）成立的北京力美科技有限公司，在两年内发展为国内领先的移动营销解决方案公司，为广告主、开发者、广告公司提供精准、高效、便捷的移动互联网广告服务，如图1-11所示。

图1-11　力美科技网站首页

四、基于校园网的电子商务创业模式

基于校园网的电子商务创业模式是指在校园网的基础上，建立的能够为师生提供服务的电子商务创业模式，包括学习、工作和生活的各个方面。大多数学习惯用网络做校园订餐网站，依靠送外卖的形式进行创业，当然还有二手物品交易网站，可以交换或者买卖自己需要或不需要的物品，包括手机、书本、自行车、计算机等。

知识加油站》　　　　　　　**电子商务创业商业模式**

从价值创造的视角对电子商务创业商业模式进行分析，具体而言主要包括以下几个方面：价值发现、价值主张、价值创造、价值传递、价值实现、价值分配。具体的逻辑关系如图1-12所示。

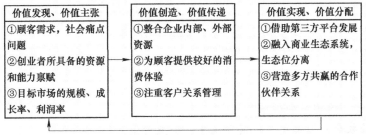

图1-12　电子商务创业商业模式

扫
一
扫
　　查看移动电子商务创业模式。

举一反三

通过上述学习，读者了解了什么是电子商务创业。请读者将创业与就业进行对比，搜集关于创业和就业的相关知识，填写完成表1-1。

表1-1　创业与就业对比表

对比内容	创业	就业
含义		
形式		

任务 2 明确创业的价值

任务描述

作为即将开始电商创业大军中的一员，在开始创业之前必须明确创业能带给自身及社会哪些价值，需要达到怎样的目标，对移动互联网以及电子商务的认知需要达到什么样的程度，对于以上问题小吴进行了如下学习。

任务实施

小吴到图书馆找到一些关于创业案例的书籍，这些书籍讲述了各种类型的创业故事，其中的主人公身份各不相同。结合大量研究报告和论文，以及创业案例中主人公对自己创业的思考，小吴总结出了电子商务创业的价值和影响。

一、电子商务创业不仅可以实现自身价值，同时也可以为更多人带来机会，为社会创造更多的价值

阿里巴巴是全球最大的零售交易平台，它用独有的生态理念把所有人的价值串联和凝聚起来，渗透在社会生活的各个角落。线上创业依靠其成本低、门槛低、效率高和成功率高的特点，使得多数年轻人以此作为就业或创业的首选，以阿里巴巴为代表的电商生态成为一个庞大的就业或创业孵化基地。

据中国就业促进会2015年发布的报告，2014年阿里巴巴电商平台上共有学生创办的网店300余万家。阿里研究院2016年3月的研究进一步显示，阿里巴巴零售商业生态创造的就业机会超过1500万个，其中淘宝、天猫平台上网店提供的就业机会达1100多万个，还带动了3000万人左右的间接就业。图1-13所示为阿里巴巴的部分主要业务。

图1-13 阿里巴巴部分主要业务

知识链接

阿里巴巴创造了哪些社会价值？
1）创造就业机会，增加税收，实现人才、企业价值。
2）改变了中国人的消费习惯，推动转型升级，拉动内需。
3）建设物流体系，提升整个社会的流通效率。
4）大数据构建信用体系，支撑国家经济信用建设。
5）推动农村基础设施建设，缩小城乡差距。

二、电子商务创业使创业者对网络有了新的认识

从事电子商务创业需将虚拟世界和现实世界结合在一起。一方面，网络并不是原先想象的那种虚幻、杂乱、不可信赖的世界，而是一个有规则、受约束、诚信可靠的世界，它是现实世界的一部分；另一方面，网络不仅是很好的交流沟通平台，更是一个创造价值、实现自我的资源平台，这个平台比人们想象的要更加广阔和更富有意义。

三、电子商务创业有利于培养创业者积极健康的网络行为

互联网鱼龙混杂，如果不加以正确引导，人们很容易误入歧途。利用虚拟网络进行电子商务

创业实践，是充分利用网络资源创造经济价值，使创业者真真切切感受到网络资源为我所用，这是一个摒弃糟粕、汲取精华的过程，有助于培养创业者积极健康的网络行为。

四、电子商务创业让创业者积极主动地利用网络资源

网络资源给创业者提供了丰富的学习资源，现在借助网络来开展工作和学习成为人们习以为常的事，然而这种学习和工作的过程对网络资源的利用只是其中一部分。

扫一扫　　查看电子商务创业的价值和影响。

举一反三

根据上述学习，读者从个人、社会或其他角度思考，创业还有哪些价值。

任务 3　明确创业的风险及其对策

任务描述

创业者是否具备认清风险和防范风险的能力，将直接影响到创业的成败。小吴对当前电子商务创业进行分析，总结了电子商务创业面临的风险，对创业之前、创业之初、创业之中的风险规避提出了相应的对策。

任务实施

创业具有高难度、高风险、高不确定性三大特征，而高难度、高风险、高不确定性又会带来高失败率。因此，认真分析创业过程中可能遇到的风险，分析这些风险存在的原因，并做出相应的规避措施，是创业成功的重要因素。

第一步：明确电子商务创业的风险

一、分析电子商务创业失败案例

为了认清电子商务创业的风险，提升自己的风险意识，小吴主动利用网络查看电子商务创业案例、数据等资源，分析其失败原因、总结经验。

> **知识加油站 》》　　　　创业风险及其分类**
>
> 创业风险是创业过程中有可能遇到某些风险因素的干扰，且一旦某些风险因素真正发生，创业者即会阶段性遇到很难克服的困难，导致创业的艰难推进甚至失败。创业风险最主要的特点是发生的链条长，从项目选择、资金筹集、团队组建、产品生产到市场开拓以及经营业务拓展，每个环节都面临着一定的风险。
>
> 根据创业风险因素的来源，可以将风险划分为外部风险和内部风险。外部风险来源于外部环境，主要包括政治、经济、市场需求、竞争者、供应者、渠道商等方面表现出来的风险。内部风险来源于企业内部的经营要素，包括人力资源、管理、技术、财务等方面的风险。根据创业风险内容的表现形式，可以划分为市场经营风险、投资风险、财务风险、管理风险、技术风险、法律风险等。

案例一

优菜网是"像送牛奶一样送菜"模式的创造者，是以经营新鲜、绿色、有机果蔬为主，包括肉蛋奶、油盐酱醋、日用品等快速消费品的网上大型超市，如图1-14所示。经过两年多的打拼，优菜网还是倒下了。

图1-14 优菜网网站

究其原因总结如下：融资困难、没有稳定的货源、"会员制"购物门槛过高、支付方式不够灵活、不能提供比菜市场更好的购物体验、物流成本过高、盲目扩大经营范围、企业运营环节太多等。

> 搜一搜
>
> 查看电商创业失败案例——优菜网的详细内容。

案例二

如图1-15所示，好吃乐是网络优质食品旗舰品牌，创立于2011年，打破了一般传统销售模式，开辟了网络优质食品品牌开创之路。在网站上线10个月后，好吃乐就停止了网站运营。创业者吴幽不断自我反思。

其失败原因如下：年纪太轻，对电子商务理解不是很深刻，很多细节想得不够细致；对资本市场关注较少，创业初期的资金约定太随意，为日后扩大规模埋下隐患；创业初期在品类上追求大而全，过多的品类让供应链越来越重等。

图1-15 好吃乐标识

> 搜一搜
>
> 查看电商平台好吃乐的失败经验和教训。

案例三

如图1-16所示，最鲜到是一家基于定位服务提供同城短距离极速配送服务的O2O平台。最鲜到成立于2014年10月，隶属于湖南最鲜到网络科技有限公司。公司注册资金1000万元人民币，法人代表为最鲜到创始人兼CEO陆刚。在2015年8月，该公司还曾将业务拓展到北京、深圳、杭州等十多个城市。2016年1月上线了电子商务平台最鲜到商城，提供"冷链存储"和"生鲜宅配"服务。

图1-16 最鲜到标识

在2016年春节前最鲜到就已出现资金链断裂问题，公司开始宣布项目终止，过年后最鲜到便已停止运营。关于倒闭原因，内部工作人员表示，主要是由于公司A轮资金部分没有到账，最鲜到转型最鲜到商城失败，而且公司在业务以及模式上还是老一套，并没有太多创新。

除以上三个失败案例外还有因诸多原因失败的案例。例如，神盾快运将市场体量预计过大、拓展线下渠道投入过多，缺乏专业物流人才；随着京东、阿里、网易等巨头在2015年纷纷涉足跨境电商，资本战争打响，在巨头的夹击下，蜜淘网的优势逐渐变弱，同时没有迎来C轮融资，令资金链断裂；果食帮在最高峰时曾拥有11万公众号用户，但随着O2O补贴及低价竞争的加剧，无法实现盈利；蔬菜的仓储和物流成本过高，青年菜君因模式硬伤而倒闭；荷花亲子被收购后的团队缺乏电商基因，供应链管理环节存在短板，融资金额不足，无法与巨头及获高额融资的对手进行长期竞争。

二、分析电子商务创业所涉及的风险

在创业过程中遇到的主要风险有哪些呢？小吴在调查和研究过程中总结发现，电子商务创业风险可分为五个方面：产品选择风险；市场竞争风险；投入风险；信息的风险；社会性资源匮乏，运营管理随意，如图1-17所示。

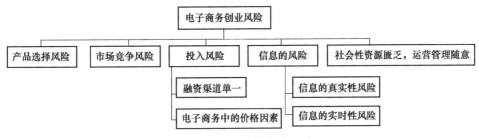

图1-17　电子商务创业风险

（一）产品选择风险

大多数电子商务创业都是实体产品或服务产品的网上销售，然而对于产品的选择往往很盲目，经常是听别人说或者凭借自己的感觉，没有经过任何市场调研和分析。这种情况会经常出现在C2C模式的创业中，创业者由于是自主创业，资金实力弱、启动资金不足、人员配备缺乏，在这种条件下产品的选择以及后期的运营会出现很多问题，整个运维过程不会比运营一个公司简单多少，没有详细的市场调研、需求调研、市场定位、营销策划等步骤是不会成功的。

（二）市场竞争风险

电子商务创业在实施的时候，一方面要与传统渠道商品和服务竞争，只有提供了优于传统渠道的产品和服务，才能获得竞争力；另一方面由于电子商务的进入门槛低，短短几年电子商务领域便吸纳了数以百万计有着创业梦想的年轻人，据最新统计淘宝网目前有800多万家商家，经营任何一种商品和服务都会面对同行惨烈的竞争。

（三）投入风险

1．融资渠道单一

资金筹集是每一个创业者都会遇到的难题。银行贷款没有抵押物、手续复杂，如果没有广阔的资金筹集渠道，电子商务创业就只能是空谈，除了银行贷款、自筹资金、民间借贷等常规方式外，还应该寻找风险投资、天使投资、创业基金、政府的各项政策性支持的无息和低息贷款等渠道，寻找合伙投资人也是现实生活中常用的一种方法。

2．电子商务中的价格因素

人们通过网络购买商品的重要原因之一就是便宜，所以价格低廉永远是最具诱惑力的砝码。合理地定价，在保持价格优势的同时又能使盈利最大化，必须控制好以下几种经营成本。

（1）技术支持成本　电子商务融合了各种技术，包括系统的设计、运行、管理等方面，这些都是有成本的，所以现在越来越多的电子商务平台开始收费。

比如天猫开店就需要支付5万～15万元的保证金，每年3万元或6万元的技术服务费；在淘宝集市开店看上去没有任何费用，在实际运营中费用还是不少的，比如参加消费者保障服务需要1000元，此外几乎所有的运营支持软件、营销推广活动都是收费的，像直通车这种每个淘宝卖家都在用的推广工具，就是以点击量收费的，大部分情况下点击一次的费用在1元以上。

（2）物流配送成本　物流配送是电子商务中最重要的环节，也是成本中占比很大的一部分，并且在某种程度上无法控制。电子商务的配送主要以快递的形式实现，国内主要的快递公司有四通一达（圆通、申通、中通、汇通、韵达）、EMS、天天快递、宅急送等。基本的计算模式为（总重量–首重重量）×续重价格+首重价格=快件的运费，其首重和续重基本设定为1kg（EMS首重和续重为0.5kg）。例如，有5kg的货物运输到上海，首重价格1kg是6元，续重价格1kg是3元，那么这个快递的运费按照公式计算为：（5kg–1kg）×3+6=18（元）。

以某城市为例，一线快递的价格为首重8元，续重6元，汇通、韵达、天天快递略便宜一些，首重7元，续重4元。如果是到新疆、西藏、内蒙古等地区，运费会达到首重15元，续重16元的水平，从这个角度看物流配送成本的控制是决定电子商务成败的关键。

（3）售后服务成本　电子商务在实现交易的同时必须提供相关服务，优质的服务是保持老客户和吸引新客户的重要因素，比如一般使用的400免费客服电话，都是要增加的售后成本，因而如何用较低的服务成本为客户提供优质服务也是非常重要的环节。

（四）信息的风险

网络的虚拟性使得电子商务的运作存在着比普通商务模式更多的风险因素。创业者在这个载体下创业的时候要面临以下几种相应的信息技术风险。

（1）信息的真实性风险　作为电子商务的从业者，大部分的信息来自网络，信息的真实程度有时无法核实，如果使用了错误的信息作为决策的依据，那么失败就是必然的了。

（2）信息的实时性风险　网络中信息的传递要比一般渠道快得多，所以电子商务中的信息实时性就格外重要了。如商家的信息发布要及时，客户需求信息的提交和更改也要及时。

（五）社会性资源匮乏，运营管理随意

部分创业者接触社会资源非常有限，创业中项目评估、市场调研、产品推广等环节需要调动大量资源，在涉及具体执行层面时更是困难重重，没有社会资源帮助就无法落实执行。建议平时多参加各种社会实践活动，创业前可以先到相关行业领域工作一段时间，为自己创业积累一定的资源和经验。

第二步：规避电子商务创业风险的对策

成功的创业者需要一定的规避风险、转移风险、补偿风险、抑制风险、评价风险、预测风险和管理风险的能力。因此，小吴必须在创业之前、创业之初和创业之中树立风险意识，如图1-18所示，尽力规避各种风险。

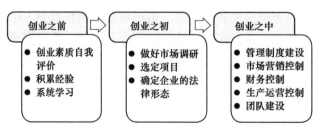

图1-18　规避电子商务创业风险的对策

一、创业之前

（一）创业素质自我评价

创业的成败取决于创业者的素质和行为。小吴在决定创业之前，认真评价自己的心理素质、身体素质、知识素质、能力素质是否能够满足创业的条件，并理性判断创业成功的可能性。小吴进行自我评估的内容见表1-2。

表1-2　创业素质自我评估内容

评估项目	评价内容
创业者成功的素质与能力要素评估	心理素质（意识、性格、情感）、身体素质（身体健康、体力充沛）、知识素质（创造性思维、行业知识）、能力素质（决策能力、经营技能、管理能力）
创业者个人财务状况评估	包括启动资金的来源、筹资的渠道、负债情况等方面

（二）积累经验

考虑到将来创业要面对各种风险，小吴在学校学习期间，注意锻炼自己的创业能力和积累自己的创业经验，如图1-19所示。

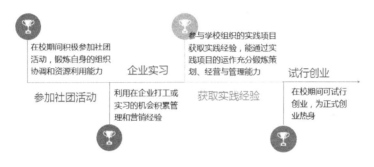

图1-19　创业积累经验

知识加油站 》　　　　创业带头人和创业团队的核心素质

1. **创业带头人的核心素质**
1）学和教都既好又快。
2）能坦然面对逆境，并且能很快恢复过来。
3）表现出正直、可靠、诚实的品质。
4）建立创业文化和组织。
2. **创业团队的核心素质**
1）相关的经历和业绩记录。
2）取胜的意愿。
3）敬业、决心和恒心。
4）对风险、不确定性的容忍度。
5）创造和发现新事物的能力，进行团队建设的能力。
6）适应性。
7）执着于商机。
8）领导。
9）沟通。

（三）系统学习

创业不仅仅是实战过程，企业的经营更离不开扎实的理论基础。因此，小吴在创业之前需要系统地学习与创业相关的知识。一方面，应积极参加创业培训，积累创业知识，接受专业指导，提高创业成功率。另一方面，需要认真学习与创业相关的法律知识，以保证做到合法经营。具体包括《企业法人登记管理条例》《公司登记管理条例》《劳动法》《合同法》《担保法》《票据法》等。

二、创业之初

（一）做好市场调研

首先，需要充分了解各地创业的优惠政策，涉及融资、开业、税收、创业培训、创业指导等诸多方面。合理利用这些优惠政策，能够有效降低创业成本。其次，要做好对市场需求的调查和研究。市场调研是选择目标、创办企业的前提。通过市场调查可以获得全面、准确、及时的市场信息，为创业者提供决策依据。

（二）选定项目

项目的选择涉及两方面的问题：项目方向、项目的可行性。

> **知识加油站 》》** 》 **电子商务创业方向**
>
> 电子商务创业的方向主要有以下几个方面，如图1-20所示。
>
> （1）网店/微店方向 做传统的网店，最简单的就是开淘宝店。
>
> （2）跨境电商/社群电商/网红电商/其他电商模式方向 做外贸电商、粉丝社区、网红电商等其他新模式。
>
> （3）网站方向 运营一个网站。
>
> （4）自媒体方向 运营一个自媒体。
>
> （5）微商方向 运营一个社交账号，如微信账号。
>
> （6）网赚/淘宝客等方向 做一些互联网网赚小项目。
>
> （7）自由威客方向 依靠技术承包一些个人的服务，如帮人设计网店。
>
> （8）第三方/外包方向 成立公司进行第三方外包，比如网店代运营、模特代摄影等。
>
> （9）互联网/软件/APP/O2O方向 进行互联网软件APP、O2O等虚拟产品创业。
>
> （10）其他网络方向 其他的一些互联网创业项目。
>
> （11）线下项目创业等 利用自己的商务知识在线下做小生意。

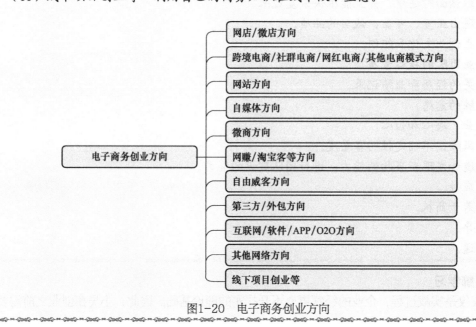

图1-20 电子商务创业方向

知识加油站　　创业项目的可行性评估

项目的可行性评估主要分为三个方面：进入门槛的高低、项目的市场前景与盈利性、项目的风险。选择进入门槛低的项目是创业成功的基础，学生创业因其原有基础薄弱，通常进入门槛较低的行业，从产业链的原始低廉环节做起。广阔的市场前景体现在：产品或服务的市场需求正在大幅度增长；市场有着广阔潜在需求；行业中尚未形成占市场主导地位的竞争者。选择投资风险小的项目，必须把握好两个环节：市场需求的成长性好、充分而稳定的投资回报。

（三）确定企业的法律形态

不同的企业法律形态决定着创业者承担的风险和责任的不同。如果选择的是个体工商户、个人独资企业等无限责任形式，应尽量控制该组织的资产负债率；如果选择的是个人合伙、普通合伙企业等组织形式，应通过合伙协议、规章制度、参加保险等法律措施对组织的债务规模进行约束，对相关的风险进行控制和规避；如果选择的是有限合伙企业、有限责任公司等形式，创业者对组织债务承担的责任和风险是有限的。

三、创业之中

想要创业成功创业者就必须考虑以下五方面：管理制度建设、市场营销控制、财务控制、生产运营控制、团队建设（见图1-21），并在创业过程中根据自身情况确定相应的对策。

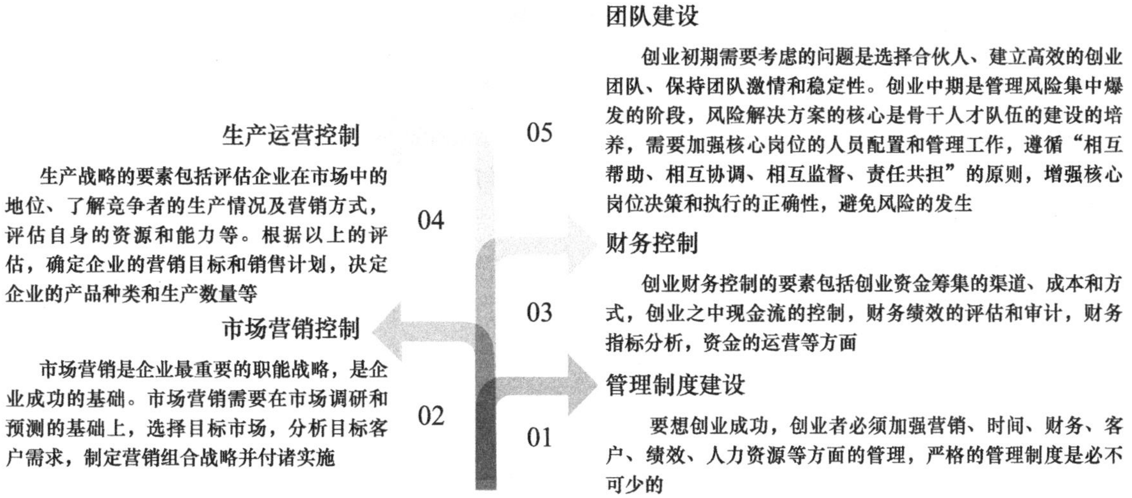
团队建设
创业初期需要考虑的问题是选择合伙人、建立高效的创业团队、保持团队激情和稳定性。创业中期是管理风险集中爆发的阶段，风险解决方案的核心是骨干人才队伍的建设的培养，需要加强核心岗位的人员配置和管理工作，遵循“相互帮助、相互协调、相互监督、责任共担”的原则，增强核心岗位决策和执行的正确性，避免风险的发生
05
生产运营控制
生产战略的要素包括评估企业在市场中的地位、了解竞争者的生产情况及营销方式，评估自身的资源和能力等。根据以上的评估，确定企业的营销目标和销售计划，决定企业的产品种类和生产数量等
04
财务控制
创业财务控制的要素包括创业资金筹集的渠道、成本和方式，创业之中现金流的控制，财务绩效的评估和审计，财务指标分析，资金的运营等方面
03
市场营销控制
市场营销是企业最重要的职能战略，是企业成功的基础。市场营销需要在市场调研和预测的基础上，选择目标市场，分析目标客户需求，制定营销组合战略并付诸实施
02
管理制度建设
要想创业成功，创业者必须加强营销、时间、财务、客户、绩效、人力资源等方面的管理，严格的管理制度是必不可少的
01

图1-21　电子商务创业方向

举一反三

1．根据上述学习内容，请读者通过自主搜集信息学习创业风险的类型，完成表1-3的内容。

表1-3　创业风险的类型

分类标准	创业风险具体类型
按创业风险产生的原因划分	主观创业风险和客观创业风险
按创业风险产生的内容划分	技术风险、市场风险、政治风险、管理风险、生产风险和经济风险
按创业风险对资金的影响程度划分	
按创业过程划分	
按创业与市场和技术的关系划分	
按创业中技术因素、市场因素与管理因素的关系划分	

2. 从全世界来看，创业成功的概率低于5%。有人把创业形象地比喻为"九死一生"。同时一些连续创业者获得了巨大的成功，最典型的是埃隆·马斯克（Elon Musk），他是PayPal、SpaceX、Tesla、Solar City四家著名公司的联合创始人。请思考创业成败的关键要素，并按重要性罗列出10项以上。

任务 4 明确创业需要的条件

任务描述

只有做好创业的基本准备、具备创业需要的条件才能开始创业，否则只会前功尽弃。小吴了解了创业的风险及其对策之后，需要进一步明确电子商务创业者应具备的基本素质以及创业要具备的基本条件。

任务实施

小吴带着疑问向电子商务创业指导专家请教，专家利用自己的电子商务创业知识及经验解答了小吴的问题，具体如下。

一、供应链

在供应链环节，小吴要注意是否具备这些优势：

（一）价格优势

成本低的产品，毛利相对比较高。就目前淘宝的推广费用而言，低毛利的产品很难支撑整个团队或个人运营。

（二）货款结算优势

货款结算的周期长短对于一个公司或个人来说非常重要，决定着这个公司或个人的资金流转状况，所以货款结算的周期要尽可能长一点。

（三）产品的可开发性优势

产品最好具有可开发性，老客户不可能买一成不变的产品，要做CRM（客户关系管理），必须有新品更新，不断地改善产品，尽可能开发出一些符合老客户风格口味的产品。

（四）产品质量具有保障性优势

产品是核心，质量为王道，在价格优势基础上一定要保障产品的质量。

（五）产品品牌优势

品牌作为产品的外在表现形式和精神主张，其物质支撑基础是产品，产品是品牌资产的核心。而通过营销组合向消费者传递品牌意识，在消费者心目中建立品牌形象，这一切必须在统一的品牌战略指导下进行。

二、资金

创业最难解决的就是启动资金的问题，没有资金就不要谈创业。所以小吴在准备电子商务创业时，一定要考虑资金是不是能够支持创业初期的一段时间。

电子商务创业团队可能不需要有环境很好的办公场所，但是也需要一个办公场所。即使是一个简单的办公场所，也是需要一定租金的。此外，网店的运营费用，包括各平台的保证金、服务费、推广费、员工成本、日常的基本费用都要计入花费。

三、团队

创业与成功从来不是一个人的事情。一个人的创业叫单干，团队创业才叫企业。小吴在开始电子商务创业之前一定要组建好团队。

首先，一个团队一定要具备超强的执行力。其次，团队一定要专业。因为专注，所以专业，每个人对产品都要非常熟悉，包括产品的属性、功能、性能等都要了如指掌；最后，团队一定要有学习能力。

四、领导者的人格魅力

这一点很容易被忽略。《孟子·公孙丑上》中说道："以力服人者，非心服也，力不赡也；以德服人者，心悦诚服也。"意思是以武力征服人，人不是真正心服，而是力量不足，抵抗不住；以恩德服人，人的心中高兴，是真心实意的服从。这几句用于说明统治者不可以力服人，而要以德服人；也用于说明人与人之间不可以力相欺，而要以诚相待。这实际上就是对电子商务创业领导者人格魅力的要求。

五、人脉

无论多大的企业都离不开人脉这个关系网。小吴进行电子商务创业一定要有自己的人脉关系网，否则创业是很可能失败的。此外，创业初期大部分人的业务都会在人脉里面产生，因此，人脉在创业中是很重要的。

六、策划

一个团队想创业肯定不是心血来潮，而是经过大量的实践验证才开始策划的。在创业前做好策划才能正式开始创业，所以先仔仔细细地策划，再一步步实施是非常有必要的。

七、支持

小吴在创业之前肯定要和父母、亲戚朋友说明情况，获得他们的支持。如果得不到他们的支持，自己做起来会很累，而且会感觉怎么做都是错的。所以，一定要努力获得他们的鼓励和支持，同时还可以调动他们的人脉关系，向他们筹集部分启动资金。

举一反三

根据上述学习内容，读者了解了创业指导专家给小吴介绍的创业需要具备的条件，请读者从自己的视角来思考创业还需要哪些条件。

任务 5　了解创业的步骤

任务描述

在创业之前不单单需要掌握以上相关知识，对创业步骤也应该有一定的规划。电子商务创业共分为五步：创业前期筹备、创业资源管理、电子商务平台选择、货源寻找与消费者分析、运营管理（见图1-22）。小吴需要掌握每个步骤中的核心知识和核心技能。

任务实施

这五个步骤有着明确的次序，但各个步骤相互之间并不是完全隔绝的，并不是说一定要在前一步骤全部完成之后才进入下一个步骤。

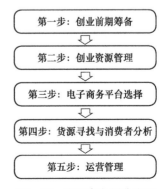

第一步：创业前期筹备

第二步：创业资源管理

第三步：电子商务平台选择

第四步：货源寻找与消费者分析

第五步：运营管理

图1-22　电子商务创业步骤

第一步：创业前期筹备

小吴想成功创业就必须在创业前做好准备工作。

创业前期筹备工作包括编写商业计划书、资金筹备、认识创业外部环境、目标市场定位、营业执照及相关执照办理、创业团队筹建等。本书将在项目二中具体介绍小吴是如何进行创业前期筹备工作的以及相关知识内容。

第二步：创业资源管理

知识加油站

创业资源是指新创企业在创造价值的过程中需要的特定的资产，如图1-23所示，包括有形与无形资产。它是新创企业创立和运营的必要条件，主要表现形式为：创业人才、创业资本、创业机会、创业技术和创业管理等。

创业资源的分类：

1）直接资源和间接资源。

2）人力和技术资源、财务资源、生产经营性资源。

3）自有资源和外部资源。

4）要素资源和环境资源。

有形	无形
人力（员工）	技术（核心）
物力（设备）	知识（能力）
财力（资金）	组织（团队）
场地（空间）	人脉（关系）

图1-23　创业资源

小吴进行电子商务创业的创业资源主要有资金、场地、人才等方面，而其管理包括这些资源的获取、分配和组织等方面的内容，本书将在项目三进行具有针对性的介绍。

知识链接　　　　　　　霍华德谈创业资源

创业者在企业成长的各个阶段都会努力争取用尽量少的资源来推进企业的发展，他们需要的不是拥有资源，而是要控制这些资源。

——霍华德·史蒂文森

第三步：电子商务平台选择

电子商务创业少不了要选择入驻哪个平台，如果网店做得不灵活，功能无法有效表现，则可能无法吸引消费者。总体来说，网民对网店还是比较挑剔的，除了货品本身外，还希望网站做得美观漂亮、使用方便。一套不好用的电子商务平台，相当于实体店铺没有选好地址，这在商业领域是大忌。

小吴按市场份额排序将主流电子商务平台的入驻收费标准、物流体系及店面推广、流量等方面进行分析比较，从而选择合适的移动电子商务创业平台。本书项目四将主要介绍微网店创业的优势、常见微网店类型及网上创业平台等电子商务平台选择的相关知识及技能。

知识加油站

电子商务平台是一个为企业或个人提供网上交易洽谈的平台。

第四步：货源寻找与消费者分析

在电子商务平台创业初期考虑最多的就是货源。想把一家小店做大除了价格优惠，还一定要有质量保证。那么，寻找合适的货源肯定是创业者需要深思熟虑的问题。小吴不仅要了解影响商品选择的因素、分析不同进货渠道，还需运用不同工具对相应产品进行市场分析。

电子商务创业是为了提供满足消费者需求的产品或服务，而在市场竞争环境下，可供消费者选择的产品或服务是多种多样的，这就需要小吴在进行营销的过程中能够尽可能地了解和满足消费者的购物心理，让产品或服务销售得更顺利，这也正是消费者研究分析存在的意义。

消费者研究分析首先是研究消费者购买行为（包括产品信息的了解途径、主要的获取方法、关键性的影响因素、习惯的使用方式等），了解消费者画像；其次是研究消费者的消费态度，即消费者对某一产品/服务所持有的一种比较稳定的赞同或不赞同的内在心理状态等。本书项目五将详细介绍该步骤的具体内容。

> **知识加油站》** **消费者分析的概念及其作用**
>
> 消费者分析包括购买量与购买频率、购买时间与地点、购买动机、品牌转换情况与品牌忠诚度四个方面的内容。
>
> 研究分析消费习惯的作用：
>
> 1）发现消费者的现实需要和潜在需要，进而提供消费者需要的产品。
>
> 2）按照消费者的消费习惯设计产品的规格、包装。
>
> 3）按照消费者的购买时间确定产品价格和进行促销。
>
> 4）按照消费者的购买地点方面的习惯去制定渠道策略。
>
> 5）按照消费者的消费习惯去进行促销。

第五步：运营管理

在电子商务创业中，微网店运营管理工作一般包括商品拍摄与美化、微网店开通与装修、微网店推广、微网店管理（商品管理、订单管理、客服管理和物流管理）等。这部分内容在电子商务创业过程中非常重要，本书分四个项目进行讲解，详见项目六～项目九。

举一反三

1. 根据上述学习内容，读者已经了解了电子商务创业的步骤，请读者通过网络学习淘宝开店流程，并记录淘宝开店准备资料及开店流程。

2. 请读者通过网络搜索创业资源的分类，完成表1-4的填写。

表1-4 创业资源的分类

资源分类		资源内容
要素资源	场地资源	基础设施、通信系统、物业管理、商务中心、交通、配套设施等
	资金资源	
	人才资源	
	管理资源	
	科技资源	
环境资源	政策资源	允许个人创业、技术入股，支持海外合作，简化办事手续等
	信息资源	
	文化资源	
	品牌资源	

3. 请读者列出自己知道的电子商务平台分类。

本项目分为五个任务，了解创业本质、明确创业的价值、明确创业的风险及其对策、明确创业需要的条件和了解创业的步骤。任务一了解创业本质，主要介绍电子商务创业的概念、SWOT及其模式。任务二明确创业的价值，介绍电子商务创业的价值和影响。任务三明确创业的风险及其对策，是本项目的重点，也是难点，读者应熟悉电子商务创业的风险，重点掌握规避电子商务创业风险的对策。任务四明确创业需要的条件，介绍了创业需要的基本条件。任务五了解创业的步骤也是本项目的重点，主要讲解电子商务创业的五大步骤，读者要清楚每个阶段的工作内容。通过本项目的学习和研究，读者可以为以后的学习和创业实践奠定一定的基础。

项目二　创业前期筹备

创业筹备是电商创业前期的重要工作之一，包括编写商业计划书、筹备资金、认识创业外部环境、目标市场定位、营业执照及相关执照办理、创业团队筹建等。本项目将通过真实案例从不同角度对以上工作内容进行详尽讲解，使读者能正确认知电子商务创业筹备工作的具体内容，并能根据所学知识完成相应创业项目的前期筹备工作。

通过本项目的学习，读者应能够在电商创业之初，明确创业筹备的重要性，了解创业前期的筹备有哪些注意事项，明确创业筹备的工作内容，科学合理地进行项目规划，团队共同完成创业策划以及计划书编写。

任务1　编写商业计划书

任务描述

对初创企业来说，商业计划书的作用尤为重要，一个酝酿中的创业计划往往很模糊，编写商业计划书可使创业者对创业计划有更清晰的认识。因此，小吴在明确了创业的价值、风险以及创业需要的条件之后，首要任务就是根据自己的项目编写一份商业计划书，在开始编写之前小吴需要明确商业计划书有哪些组成要素，如何编写一份完整的商业计划书。

任务实施

第一步：了解电商创业计划书的组成要素及编写的具体内容

小吴从互联网以及周围创业者那里获得了三份具有代表性的电商创业计划书，并对其内容组织及编写格式进行了分析总结，具体内容如下：

第一份是电子商务网站创业的计划书，网站定位为二手交易和超市零售业务，整个内容结构较为简单，主要包括建设网站前期的市场分析、市场定位、功能定位、网站板块设计、网站风格、网站维护等，小吴将计划书的内容做了简单总结，见表2-1。

表2-1 电子商务网站计划书内容总结

序号	标题名称	核心内容
1	建站前期的市场分析	对本地电商市场进行简单介绍，表明本公司建站优势
2	网站定位	将市场及功能定位分为前期和后期，前期为C2C，后期为B2B
3	发展目标	发展目标分为四个阶段，分别为企业注册、经营期6个月、1年、2年
4	网站设计	对网站的板块及风格进行初步确定，如网站板块分为产品导引、在线购买、新品上市、二手商品四个部分
5	网站维护	初期聘请专门的数据库操作员，网站内容每天更新，制定网站规范
6	网站推广	通过不同平台发布营销内容，以及联合零售商进行店内广告等

扫
一
扫

查看电子商务网站创业计划书的具体内容。

知识加油站 »

1. 公司域名注册流程

域名申请步骤如下：

（1）准备申请资料　com域名申请目前无须提供身份证、营业执照等资料；cn域名目前不允许个人申请注册，要申请则需要提供企业营业执照。

（2）寻找域名注册商　由于.com、.cn域名等不同后缀均属于不同注册管理机构所管理，如要注册不同后缀域名则需要从注册管理机构寻找经过其授权的顶级域名注册服务机构。如.com域名的管理机构为ICANN，.cn域名的管理机构为CNNIC（中国互联网络信息中心）。若注册商已经通过ICANN、CNNIC双重认证，则无须分别到其他注册服务机构申请域名。

（3）查询域名　在注册商网站点击查询域名，选择要注册的域名，并点击注册。

（4）正式申请　查到想要注册的域名，并且确认域名为可申请的状态后，提交注册，并缴纳年费。

（5）申请成功　正式申请成功后，即可开始进入DNS进行解析管理、设置解析记录等操作。

2. 网站维护主要内容

网站维护主要包括服务器软件维护、服务器硬件维护、网站安全维护、网站内容更新、网站安全管理等。

第二份为校园水果O2O创业计划书，以学校宿舍作为线下实体店，建立微信公众平台对产品进行推广，销售模式为线上与实体店相结合，进行微信网上预订售、上门送货服务、来店购买。整个计划书分为九个部分，包括市场分析、发展前景、店面介绍、产品介绍、发展战略、管理结构等，相比于第一份更为全面。小吴对整体内容进行通读并归纳出各个标题下的核心内容，见表2-2。

表2-2 校园水果O2O创业计划书内容总结

序号	标题名称	核心内容
1	市场分析	根据市场分析确定水果屋的市场定位——低价、便利、时尚、诚信、高服务型的水果屋
2	发展前景	根据校园内学生购买水果的需要，确定建立校园水果屋的必要性
3	店面介绍	简单介绍店名、销售方法以及成员
4	产品介绍	对店内销售的主要水果进行介绍
5	发展战略	发展战略分为前期、中期、后期以及促销计划、价格决策、销售模式
6	管理结构	对管理模式及人员分工进行确定
7	经营目标	对水果每天的销售进行定量——每天剩余水果不超过当天进货量的10%，也就是说每天需要销售掉产品总量的90%以上
8	财务预算	对于成本进行确定
9	风险评估	分析水果屋将来要面临的危机

小吴通过对水果O2O创业计划书的总结发现，不管是产品推广还是店铺运维都是通过微信进行的，那为什么一定要用微信进行营销推广呢？带着问题小吴用对比的方式对微信营销优势做了分析，具体内容如下：

1. 信息至用户终端的到达率高

在微博营销过程中，商家发布的微博很容易在用户信息流里面被淹没。使用微信则不然，只要用户关注了微信号，每一条信息都以推送通知的形式发送，从而确保信息可以100%地到达订阅者手机上。

2. 信息曝光率高

信息的到达率和曝光率完全不同，比如邮件群发，用户能接收到信息并打开邮件，这个推广信息才算是曝光在用户面前。可很多邮件在送达后会直接进了垃圾箱，或者收件人未打开阅读就直接删除，然而，由于大多数人的微信好友数都比较少，且手机具备较强的提醒功能，如铃声、通知中心、角标等，这样通过微信推送的信息，就有了高曝光率。如果所要推送的信息经过优化，基本可以达到100%的高曝光率。

3. 用户精准度高

微信在沟通上具有便利性，加上所耗流量较小，现在已经成为主流信息接收工具。商家为增加粉丝数量，会放出很多诱饵，诱导用户主动订阅，这样所增加的粉丝精准度非常高。此外，微信公众账号可以通过后台对用户进行分组，这样在推送信息时可以有针对性地实现消息精准推送。

4. 更有利于开展营销活动

微信在推送消息时不仅支持文字，还支持语音等。公众账号可以群发语音、图片和文字，认证之后，获得的权限更高，更漂亮的图文信息能进一步拉近与用户的距离，使用户体验度得到提升。图文配合语音、视频，非常有利于开展营销活动，这种人性化的营销手段也促使微信营销能迅速被大众接受。

扫一扫　查看校园水果O2O创业计划书具体内容。

第三份为淘宝网店的创业计划书。店铺主要销售云南当地的干果，创业计划书与前两份在结构上有所不同，主要分为产品展示、市场环境分析、竞品分析及店铺产品规划、运营目标、运营思路、创业团队组建、店铺运营预算等，小吴同样对内容进行了总结，见表2-3。

表2-3　淘宝网店创业计划书内容总结

序号	标题名称	核心内容
1	产品展示	对主要产品的名称、进货价格及基本信息进行介绍
2	市场环境分析	对云南特产市场容量、关键词热度以及全类目下活跃店铺信息进行分析
3	竞品分析及店铺产品规划	对竞争对手的核心信息进行确定与分析，对自身产品结构以及推广节奏进行规划
4	运营目标	将运营目标分为能力目标、知识目标和店铺运营目标
5	运营思路	确定不同阶段的工作内容及时间范围
6	创业团队组建	确定创业团队的岗位设定、工作职责，以及团队管理
7	店铺运营预算	确定费用投入模块以及来源
8	总结	对项目整体做汇总

扫一扫　查看云颠干果淘宝网店创业计划书具体内容。

小吴通过对以上三份创业计划书进行分析后得出，电子商务创业计划书的核心内容应包括市场分析、产品介绍、经营目标、运营规划、团队建设以及财务预算，不同部分的编写技巧如下。

一、市场分析

对电子商务目标市场可以通过调研、走访、数据查询等方式进行实际情况的统计，确定电商创业项目的可实施性。

二、产品介绍

应对项目中所销售的产品进行详细介绍，在编写过程中应附上产品原型、照片或规格等，突出产品特点，如图2-1所示。

产品图片	产品介绍
	酸角（学名：Tamarindus indica），又称酸豆、罗望子、酸梅（海南）、“木罕”（傣语）、酸果、麻夯、甜目坎、通血图、亚参果。苏木科酸角属。热带、亚热带常绿大乔木，酸角是属于豆科的一属。它是一个单种属，仅1种两个类型：甜型和酸型，酸角糕的主要原料。树身高大，树干粗糙，枝叶扶疏，枝头挂着一串串褐色的弯钩形荚果。酸角喜欢炎热气候，生长在年均气温18～24℃，年降雨量500～1200mm的地区。主要分布于云南金沙江、怒江、元江干热河谷及西双版纳一带，海拔50～1350m比较热的地方。

图2-1　产品介绍

三、经营目标

在编写过程中应详细介绍网站或网店在不同时期的销售目标、经营目标。

四、运营规划

确定不同时间段的工作内容，确定促销方法、销售模式等内容。

五、团队建设

详细列举在电子商务创业中涉及的岗位名称及岗位职责，确定管理模式。

六、财务预算

确定需要费用的模块，并对不同模块所需费用的多少进行详细列举，可以使用表格进行规划。

第二步：编写电子商务创业计划书

在明确了商业计划书的要素及编写技巧后，小吴开始着手编写自己的创业计划书。

小吴根据自己所处环境最终以云颠干果淘宝网店创业计划书为模板，完成自己的创业计划书，具体实施步骤如下。

一、产品介绍

在产品介绍中，小吴除了延用模板中的产品名称、产品介绍外，对微网店的产品理念、店铺经营范围等也做了介绍。

二、市场环境分析

小吴选择的主要平台为微网店，所以在进行市场环境分析时，主要对手机网购情况进行了分析。

三、竞品分析

小吴通过手机微信查找到与自己经营类目相似的微网店，并对店铺基本信息及核心产品进行分析。

四、营销策略

小吴根据干果类产品的特点选择精准目标客户，针对用户制定相应的产品营销策略，如宣传推广策略、广告策略、价格策略以及促销活动策略等。

五、运营目标

小吴根据不同阶段的工作任务确定运营目标，如初期需要建立和装修微网店，确定微网店短期和长期的营销目标。

六、运营团队

小吴在初期创业过程中不需要太多人员，只需确定几个基本的工作岗位即可，如管理人员、运营人员、营销人员、财务管理人员等，但必须对组织架构有清楚的规划。小吴还需对电商的各项工作有清晰的认识，将工作岗位的工作任务具体到每个人，保证岗位职责的清晰。

七、运营预算

对于小吴来说运营预算主要分为进货预算、店铺建设预算、物流预算和人员预算几个方面，而资金总预算在十万元以内。

通过以上内容的学习，小吴了解商业计划书的主要内容及编写步骤，并根据自己创业需求完成一份简单的创业计划书。具体内容见表2-4。

表2-4　创业计划表

创业计划表	
1. 产品介绍	（1）产品名称：云南特产专卖店 （2）产品理念：用品质造快乐 （3）经营范围：零售、批发食品
2. 市场环境分析	主要对手机网购情况进行分析
3. 竞品分析	经营类目相似的微网店，并对店铺基本信息及核心产品进行分析
4. 营销策略	微网店+微信公众号进行业务推广（推广策略、广告策略、价格策略以及促销活动策略）
5. 运营目标	短期目标：提高微网店的销售额 长期目标：发展自主品牌店铺
6. 运营团队	管理人员、运营人员、营销人员、财务管理人员若干名
7. 财务预算	（1）进货预算 （2）店铺建设预算 （3）物流预算 （4）人员预算

在完成创业计划书的整体编写后，小吴需对商业计划书进行检查，不能有错别字、语法之类的错误，还需要为创业计划书设计封面、编写目录与页码，最后完成打印并装订成册。

扫
一
扫　　查看小吴完整的商业计划书。

举一反三

请读者进行一次模拟创业，根据个人兴趣选择自己喜欢的行业和产品，结合本任务所学知识编写一份商业计划书。（可参看中国电子商务研究中心网的漫画《如何写电子商务商业计划书》，http://www.100ec.cn/detail—6311580.html）

任务 2　资金筹备

任务描述

创业计划书已经编好，小吴接下来需要筹备创业资金。筹备的资金越多，可选择余地就越大，成功的概率也就越高。资金筹备的方式有很多种，小吴需要根据自身情况去选择合适的方式筹备创业资金。

任务实施

资金筹备是创业的重要环节，如果没有资金，一切就无从谈起。因此小吴需要认真了解以下各种资金筹备方式的详情，最终确定自己的资金来源。

第一步：了解创业资金的筹备方式

在确定自己的资金来源之前，小吴查阅了几份电子商务创业成功案例的资金来源，了解了多种资金获取的方式。

案例一　铁血网

铁血网创始人蒋磊——16岁创办铁血军事网，如今，铁血网稳居中国十大独立军事类网站榜首，铁血军品行也成为中国最大的军品类电子商务网站，年营收破亿元，利润破千万元。

2004年4月，蒋磊发现自己一人无法完成资金筹备，于是找到另一位创始人，两人以合伙人的身份一起凑了十多万元，注册了铁血科技公司。经过十多年的努力，目前蒋磊的公司拥有员工200余人，他创办的网站已成为能够提供社区、电子商务、在线阅读、游戏等产品的综合平台。该网站已拥有超过1000万注册会员，并且正处于稳步且高速的增长中。

> **知识加油站** »　»
>
> 　个人合伙是指两个以上的公民按照协议，各自提供资金、实物、技术等，合伙经营、共同劳动的民事主体。个人合伙可以起字号，依法经核准登记，在核准登记的经营范围内从事经营。个人合伙的经营活动，由合伙人共同决定，合伙人有执行和监督的权利。合伙人可以推举负责人，合伙负责人和其他人员的经营活动，由全体合伙人承担民事责任。

案例二　ofo小黄车

ofo创始人戴威，2014年从西部支教回来后建立了户外自行车网上租赁平台，通过天使投资获得100万元的启动资金，起初目标消费群为在校学生。随着市场不断扩大，竞争对手层出不穷，2016年11月17日，ofo正式开启城市服务，截止至2017年4月，ofo拥有单车220万辆，覆盖全国43个城市，为超过3000万用户累计提供4亿次出行服务。2017年3月1日，戴威宣布ofo完成4.5亿美元D轮融资，估值已经超过百亿元。

扫
一
扫　　　查看90后戴威进行创业的故事——ofo的诞生。

知识加油站 »

　　天使投资（Angel Investment）是权益资本投资的一种形式，是指富有的个人出资协助具有专门技术或独特概念的原创项目或小型初创企业，进行一次性的前期投资。它是风险投资的一种形式，根据天使投资人的投资数量以及对被投资企业可能提供的综合资源进行投资。

　　风险投资是由职业金融家投入到新兴的、迅速发展的、具有巨大竞争潜力的企业中的一种权益资本，通常以投资具有潜能的高新技术企业项目为主。

案例三　三只松鼠

　　三只松鼠创始人章燎原，在电商界人称"松鼠老爹——章三疯"；实战派、革命派的草根战略营销者，擅长细分品牌定位、蓝海市场开拓；现任安徽三只松鼠电子商务有限公司创始人兼CEO，中国坚果协会高级专家、淘宝网天猫商城首届智囊团导师、优米网创业导师等。章燎原中专毕业后一直寻求创业机会，做过无数行业，一路失败，但一路坚持创业的梦想。他从一家安徽本地的食品公司起步，由业务员一路做到董事总经理，之后辞去董事总经理职位，创立"三只松鼠"纯互联网食品品牌，并获得中国最大的风险投资机构IDG资本150万美元的天使投资。

扫
一
扫
　　查看章燎原完整创业故事。

　　从以上三个案例中，小吴得知团队和资金是创业能否成功的决定性要素，找合伙人和投资人也因此成为创业者投注精力最多的事情。但事实上，创业是一个复杂的系统工程，出色的合伙人和成功的投资人只是创业成功必要条件中的一部分。无论以何种方式筹备资金，一定要选择适合自己的方式，否则还没开始创业就走了弯路。

扫
一
扫
　　查看如何寻找天使投资人以及风险投资的具体流程。

知识加油站 »

　　除了合伙人和天使投资之外，创业资金还可以通过私人借贷、银行借贷以及政策扶持资金等方式获得。

　　私人借贷主要是靠私人关系，比如亲戚朋友等关系比较亲近的人，不包含私人地下钱庄和高利贷。

　　银行很少向初创企业提供融资支持，因为风险太高。但是，在创业者能提供担保的情况下，商业银行是初创企业获得短期资金最常见的融资渠道。当企业的生产经营步入正规，进入成长阶段之后，银行很愿意甚至主动为企业提供资金。因为银行只有把钱借给成长阶段的企业，才能在维持低风险率的前提下获得稳定的利息收入。

　　信用卡透支，要想取得信用卡透支贷款，持卡人应向发卡银行的当地信用卡业务部门申请信用等级评定，银行根据持卡人及担保情况进行评定，以信用等级确定持卡人透支额度。透支期限60天，逾期久催不还即定性为恶意透支，银行会采取法律手段来收取透支本金和利息。

　　政府的投资一般都是免费的，降低或免除了筹资成本，而且不用担心投资方的信用问题，不过申请创业基金有严格的申报要求，政府每年的投入有限，需要面对其他筹资者的竞争。

第二步：确定创业资金来源

小吴经过对主流资金筹备方式的一番学习，心中开始了自己创业资金筹备的计划。由于自己是微网店创业所以在资金的数目上要求不高，因此小吴决定和铁血网创始人蒋磊一样，寻找合伙人一起出资。

举一反三

读者通过互联网或自身周边搜索创业者资料，并对其创业资金来源做详细了解，包括私人借贷、银行借贷以及政策扶持资金等方式。

任务 3 认识创业外部环境

任务描述

小吴在完成商业计划书的编写并筹备好资金之后，需要对创业外部环境进行详细的了解。创业外部环境是指创业组织外部的各种创业条件的总和，对创业组织的发展具有广泛的影响力，是创业组织发展的保证。小吴要具体了解创业外部环境的哪些内容呢？

任务实施

小吴要进行的是电子商务方向的微网店创业，因此他准备从宏观环境以及行业环境两方面入手。

第一步：了解宏观环境

宏观环境主要包括政府政策、社会文化环境和科技环境。小吴认为宏观环境表面上与自己的创业关系不大，但是宏观环境所涉及的因素是不可控的，在整体大局上影响着自己的创业。因此，小吴必须清楚地了解和熟悉相应的宏观环境，以便更好地应对各种宏观环境下的风险与机遇。

一、政府政策

政府的创业政策是指激励创业的政策，包括对创业活动和成长企业、就业、环境和安全、企业组织形式、税收等的规定。小吴要实时关注政府为鼓励创业或推动电子商务发展而发布的有利政策。例如，关注中国电子商务研究中心官网（http://www.100ec.cn/），有关于电子商务的各种报告，或者通过搜索关键词寻找自己需要的文章阅读，如图2-2所示。

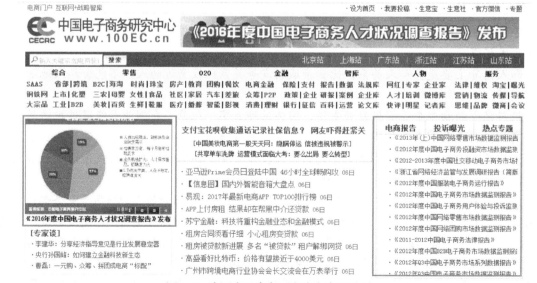

图2-2 中国电子商务研究中心官网（1）

二、社会文化环境

社会文化环境包括一个国家或地区的居民教育程度和文化水平、宗教信仰和风俗习惯、审美观点和价值观念等。不同地区的人所处的社会文化环境不同，所以小吴要对自己产品的消费对象有一个清楚的定位，应当密切注意人群特征以及发展动向，不失时机地辨明和利用人口状况带来的市场机会。

三、科技环境

当前，世界新科技革命正在兴起，生产的增长越来越多地依赖科技进步。以互联网为例，互联网技术的发展伴随而来的是信息大爆炸，网上各种创业机会、风险投资、加盟信息越来越多。创业者小吴可以通过互联网更好地掌握经济状况和市场行情，为自己的创业提供更多的竞争信息。

知识加油站 》》 **中国电子商务研究中心官网**

该网站分为很多小板块，如电商盘点、电商报告、电商实战、电商论文、电商书籍等，提供给读者阅读学习，如图2-3所示。此外，它还包括诸多电商专家发表的关于电商行业的文章，从不同角度或视角去分析电商行业面临的问题及解决方案、行业的发展与趋势，并对电子行业相关法律法规或政策进行深入剖析等。如图2-4所示，是该网站的核心资源分类。

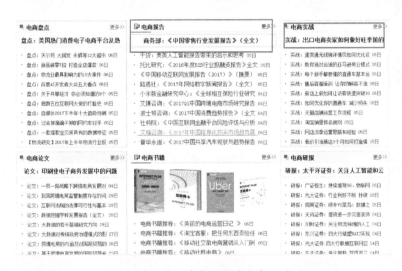

图2-3　中国电子商务研究中心官网（2）

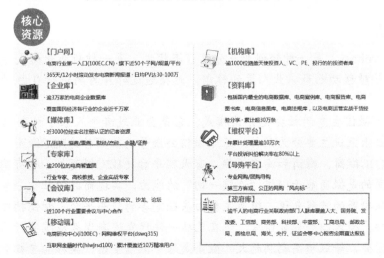

图2-4　中国电子商务研究中心官网（3）

第二步：确定电子商务创业行业环境

小吴在决定创业之前就明白，不同的行业所处的发展阶段不同，其经济特性也是不同的，这些信息直接决定着小吴所选择进入的行业能否给他的创业带来可观的利润，甚至关系到后期发展的前景。小吴计划通过建设微网店进行创业，所以在分析行业环境时主要从两个角度切入：一是通过两个微商的案例分析来了解电子商务微创业模式的发展，二是通过一份调研问卷进行网络零售业的分析，具体内容如下。

一、了解电子商务微创业的类型

第一个案例小吴选择的是通过微信朋友圈进行产品销售的微商案例——韩束微商。韩束化妆品创建于2002年，经过15年发展已成为国产化妆品领导品牌。2014年7月，上海韩束化妆品有限公司副总裁陈育新发现，曾经被自己屏蔽的朋友圈中存在大量的电商销售活动，且走货量惊人，陈育新决定进入该领域。公司成立了微商事业部，韩束化妆品年销售额已超过50亿元，同时实现了每月过亿元的销售额。韩束微商作为微商的源头，首先在货品上为个人代理商提供了保障，而这些货品也拥有强大的品牌保障，从而解决了过去朋友圈电商小商家们卖假货的问题。除此之外，在退换货等后期的服务方面建立了完善的管理机制，保障消费者以及小商家利益，为小商家解除了后顾之忧，如图2-5所示。

图2-5　韩束微商

知识加油站 》》

微商（Microboss）是一种轻创业及分享经济模式，是一种新商业模式、新创业方式。同时，微商也是对移动电商从业人员的称谓，是指通过碎片时间进行自由创业的个人或小团队。

微商是基于微信生态的社会化分销模式。它是企业或者个人基于社会化媒体开店的新型电商，从模式上来说主要分为两种：基于微信公众号的微商称为B2C微商，基于朋友圈开店的微商称为C2C微商。微商和淘宝一样，有天猫平台（B2C微商），也有淘宝集市（C2C微商）。所不同的是微商基于微信"连接一切"的能力，实现商品的社交分享、熟人推荐与朋友圈展示。从微商的流程来说，微商主要由基础完善的交易平台、营销插件、分销体系以及个人端分享推广微客四个部分组成。现在已从一件代发逐渐发展成服务行业自己存货自己发，有等级的区分，等级越高利润越大。微商是基于微信生态、集移动与社交为一体的新型电商模式，主要分为两个环节：B2C环节、C2C环节。

第二个案例小吴选择的是通过移动电商平台销售产品的口袋购物，如图2-6所示。口袋购物（微店）移动电商平台上线9个月，入驻商家就达1285万家，拥有11亿SKU（存货量单位）的交易量，还顺利地拿到了3.5亿美元的融资，这对于一个成立仅几个月的公司来说堪称奇迹。要知道以货品齐全著称的淘宝也不过16亿SKU。而其创始人王珂却低调地宣传："融钱对我来说唯一的好处就是可以有更多的试错机会，仅此而已。"2014年1月，口袋购物正式上线了买家交易平台——微店，在整个微商圈中非常火爆。

图2-6　口袋购物PC端首页

知识加油站 》》　　　　　　**口袋购物与微店的关系**

　　口袋购物是微店的一个手机购物曝光平台，微店客户端是个人的管理平台，口袋购物是微店商品展示厅，还链接了淘宝、阿里巴巴、京东等平台。口袋购物把自己定位成最智能的手机购物软件，其主要特色是智能推荐。

　　智能推荐主要体现在以下方面：

　　1）充足的商品，接入淘宝、天猫、京东、易迅等电商。

　　2）收藏店铺、宝贝，可查看收藏店铺的动态。

　　3）可订阅的主题，除了限定的大类也支持关键字订阅（如关键词设定为"半袖男""中档半袖"即可订阅相应类目商品）。

　　4）在浏览商品时会在底部显示一个黑框推荐相似品类并支持关键字订阅。

　　5）真人导购——口袋小秘书。

二、网购零售行业分析

　　小吴创业销售的类型为网购零售业，所以针对网购零售业做了相应的调查分析。小吴以休闲食品为例进行了市场及消费方面的分析，他从互联网上找到一份报告——《关于网购休闲食品的调查》（报告地址：http://www.sojump.com/report/4620101.aspx），如图2-7所示，该报告通过网上问卷调查的形式对50位用户进行了调研。

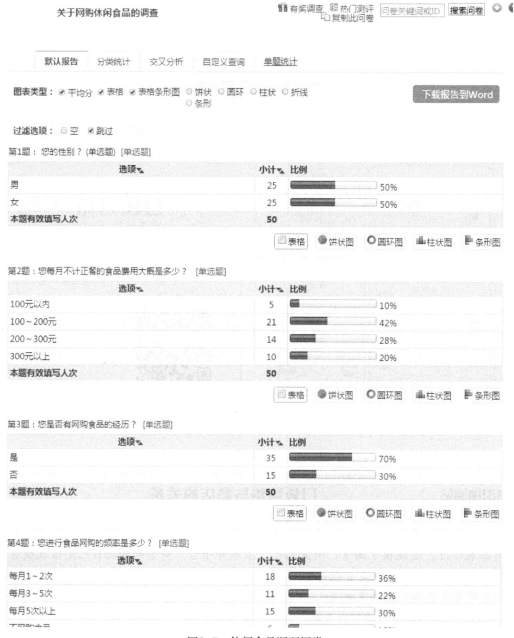

图2-7　休闲食品调研问卷

小吴对报告中核心内容进行了分析，有42%的客户每月除正餐外的食品费用为100～200元，有70%的客户有网购食品的经历，平均每月网购食品1～2次的用户占36%，如图2-8所示。

图2-8 每月食品费用比例及网购次数

在客户购买零售的类型中，即开即食的特产食品占52%，如图2-9所示。客户最关注的问题是食品质量，占84%，如图2-10所示；有80%的客户会担心没有卫生质量安全保障；66%的客户会关注产品的生产日期、保质期和有效期，如图2-11所示。

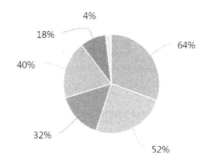

■ 大众化零食（瓜子，饼干，巧克力，薯片等）　■ 即开即食的特产食品（张飞牛肉，新疆巴旦木，临安山核桃等）
■ 原材料特产食品（湘西熏腊肉，湘西熏腊肠，金华火腿等）　■ 进口食品　■ 酒水饮料(红酒，白酒，饮料等)　■ 其他

图2-9 购买零售的类型占比

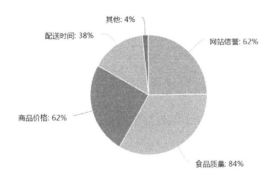

图2-10 购买食品最关注的问题占比

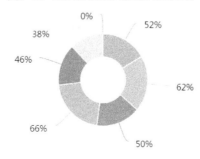

■ 价格　■ 品牌　■ 生产加工厂家　■ 生产日期、保质期和有效期　■ 相关检验证明和认证标志　■ 卫生许可证
■ 其他

图2-11 在网上购买食品客户关注信息占比

小吴对以上问卷进行分析之后发现，大多数人都愿意通过互联网购买休闲食品，在确保食品质量没有问题的情况下，年轻人乐意选择网购食品。由此可见，网购休闲食品市场仍有发展空间。但是，优秀的创业者应该懂得市场细分，才能够在激烈的竞争中，找到自己生存的一席之地，并且还应该懂得透过现象看本质，将消费者需求转化为细分市场的依据。

扫一扫

查看2015年电商行业数据分析报告——零食篇。

举一反三

根据上述学习内容，读者尝试对农产品网购行业进行分析，查找相应的资料，并通过互联网制作调研问卷，调研人数为100人，自行设置问题，调查报告可参考文中的《关于网购休闲食品的调查》。

重新编写一份关于网购农产品的调查问卷，具体的问题设置可以参照《农产品市场调查问卷》（https://www.sojump.com/jq/1169251.aspx）。

任务 4 目标市场定位

任务描述

在实施微网店平台创业前，目标市场定位精确性是影响创业成功与否的关键因素之一，小吴在明确了自己的创业决心后，从自身出发，着手发掘符合自身创业定位的目标市场并对目标市场进行合理的规划筹备。

任务实施

第一步：掌握目标市场定位的策略

微网店平台创业要遵循传统营销的4P原则，必须通过辨认产品所处的营销阶段或未来趋势，根据产品特性和市场需求，调整产品的市场营销策略，才能在多变的目标市场中生存和发展。

扫一扫

学习4P原则到底是什么。

小吴通过互联网找到屈臣氏（见图2-12）的目标市场定位策略，并对案例进行了分析，具体如下：

图2-12　屈臣氏官网商城首页

　　屈臣氏全称为屈臣氏个人护肤用品商店，它是现阶段亚洲地区最具规模的个人护理用品连锁店，是目前全球最大的保健及美容产品零售商和香水及化妆品零售商之一。屈臣氏成立于1828年，最初是广州的一个小药房，1981年被华人首富李嘉诚名下的和记黄埔收购。在销售期间，屈臣氏对中国大陆消费者人群及其在店内的停留时间做了调研，调研发现中国大陆的女性平均在每个店里逗留的时间是20分钟，消费者主要为18～40岁的女性，特别是18～35岁、月收入在2 500元以上的时尚女性。为了让18～35岁的消费者得到更好的服务，屈臣氏结合时下电商发展分别开通了屈臣氏京东官方旗舰店（见图2-13）、屈臣氏天猫官方旗舰店（见图2-14所示）以及建立自己的购物商城来满足消费者的购物需求。

图2-13　屈臣氏京东官方旗舰店

图2-14　屈臣氏天猫官方旗舰店

　　屈臣氏以"个人护理专家"为市场定位，围绕"健康、美态、快乐"三大理念，通过为消费者提供别出心裁的产品、优雅的购物环境和专业的资讯等服务来传达积极美好的生活理念，旨在协助热爱生活、注重品质的人们塑造自己内在美与外在美的统一。

　　在营销策略上，屈臣氏主要从以下四个方面入手。

一、主题式的商超氛围

　　屈臣氏的网店和线下商店都以其新颖独特的产品组合以及高质量的产品来吸引消费者，如图

2-15所示，在天猫官方旗舰店的导航有"套装组合"一栏，列表页会按照销售量及评价量进行排列。

图2-15　屈臣氏的护理套装

屈臣氏所倡导的是"健康、美态、欢乐"的经营理念，锁定18～35岁的年轻女性消费群，专注于个人护理与保健品的经营。

其中店铺药品占总商品的15%，化妆品及护肤用品占35%，个人护理品占30%，剩余的20%是食品、美容产品以及衣饰品等。

二、专业化购销理念

屈臣氏主要诉求的就是时尚和健康，所以不管是线下店还是线上网店，屈臣氏的店铺都实行统一门店形象，在页面设计上都以绿色环保为主题，整体色调以浅绿色和浅蓝色为主，并统一采购、进货以及统一实施营业管理的运作流程。

屈臣氏拥有一支强大的健康顾问队伍，包括全职药剂师和供应商驻店促销代表，他们均受过专业的培训，为顾客免费提供保持健康生活的咨询和建议。

三、自有品牌战略

屈臣氏的核心产品主要分为两部分：

一是屈臣氏自有品牌，有化妆品类和个人护理用品类等。

二是全球各类品牌的护理用品，如宝洁、美宝莲、雅芳在店内都设有专柜，如图2-16所示，为屈臣氏天猫旗舰店的所有品牌。

图2-16　店铺所有品牌

四、终端促销的创新理念

屈臣氏深度研究目标消费群体心理与消费趋势，从品质到包装全方位考虑顾客需求；根据目标客户群的定位，屈臣氏提出了"个人护理"的概念；凭借其准确的市场定位，屈臣氏"个人护理专家"的身份深入人心,以至于人们一提到屈臣氏便想到"个人护理专家",足见其品牌影响力之大。

扫一扫　查看电商站长该如何寻找可定位、可营销的目标市场。

🖰 第二步: 确认目标市场定位的内容

认识到目标市场定位的策略后,小吴对目标市场定位的内容进行了确认。

> **知识加油站** 》
>
> 　　微网店创业在目标市场定位部分可分为两种方式:一种为对现有产品的再定位,另一种为对潜在产品的预定位。对现有产品的再定位可能导致产品名称、价格和包装的改变,但是这些外表变化的目的是为了保证产品在潜在消费者的心目中留下值得购买的印象。对潜在产品的预定位,要求营销者必须从零开始,使产品特色确实符合所选择的目标市场。

由于小吴的创业意向是销售云南特产,在进行目标市场定位时,小吴结合实际情况考虑后采用了前者,即对现有产品再定位的方式,详细考察云南特产的基本情况。云南特产销售卖点主要以天然野生、无公害为核心,其产品类型更是包罗万象,如窖酒、蜂蜜、茶叶、咖啡、姜糖等。如图2-17所示,其中云南的茶叶是近年来云南特产中发展最为迅猛的单品。由于云南茶叶多数具有消炎、保健、清热、平肝、降血压等功效,口感鲜明,并且茶的产地、鲜茶的采摘时间、选择部位和摆放时间的长短等因素保证了其品质,加之价格合理,市场前景甚是广阔。

图2-17　云南特产

在了解目标市场的大环境后,小吴接下来开始梳理目标市场定位的内容。一般来说,目标市场定位的内容主要包括产品定位、企业定位、竞争定位以及消费者定位四个方面。产品定位主要侧重于产品质量、成本、特征、性能、可靠性、用途等;企业定位主要侧重于企业形象、品牌塑造、员工能力、专业知识、可信度等;竞争定位即确定企业相对于竞争者的市场位置;消费者定位是确定企业的目标顾客群。

小吴结合当前的实际情况,对目标市场定位内容做出以下总结。

一、产品定位

云南特产在消费者的普遍认知中是绿色无污染的健康产品,但这种普遍认知无法在同类产品中脱颖而出。因此,小吴着重细化了顾客对该产品各种属性的重视程度,包括产品特色需求和心理上的要求,然后重新分析确定了产品形象和产品特色,将产品定位为"健康与口感并存,纯手工绿色无添加云南特产"。

二、企业定位

微网店是利用手机、iPad等移动端设备直接访问购物平台,可以随时买、随时拼团、随时与商家互动,购物方便又快捷,得到众多消费者喜爱。这种模式将买卖转变为"个人+移动终端+社交体系"。因此,小吴在定位时注重商品的个性化体现,以塑造淳朴的云南乡土气息形象。

三、竞争定位

微网店平台是开放的自营平台。小吴对部分微网店平台经营特产的店铺进行简单了解。图2-18所示是一家名为"地道中国"专门销售地方特产的微网店(该店是通过入驻萌店平台进行产品销售的),该店铺的产品品类为多个地区的特产。但是作为新晋的创业者,小吴认为做单一的产品相对稳妥,即选择更优于市场现有品质的同品类商品。

图2-18 地道中国特产店

四、消费者定位

既然选择了微网店平台作为创业的主要媒介,那么在进行消费者定位时,应该明确自己卖的是什么产品,哪些人对自己的产品有需求,这是定位重点。综合考量之后,小吴初步将具有追求"健康、天然、绿色生活"的人群视为目标客户,并在产品风格、价位、数量等方面做了进一步分析,最终小吴将消费者精准定位在了年龄介于25~40岁之间,追求健康生活品质的白领阶层。在后续的创业经营中,小吴将以此人群的需求为依据,做出相关货源以及价格规划。

第三步:明确目标市场定位的步骤

在明确了目标市场定位的内容之后,小吴接着需要对目标市场定位的具体步骤进行了解,这样才能依据创业需求完成目标市场定位，小吴将目标市场定位的步骤细分为以下四步，如图2-19所示。

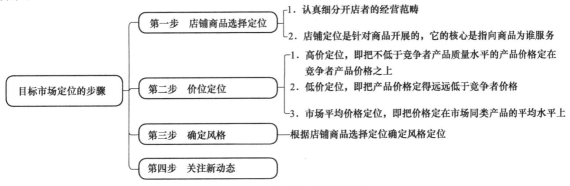

图2-19　目标市场定位的步骤

一、店铺商品选择定位

小吴的创业意向是云南特产，由于处在创业前期，他决定积极利用好身边的资源，优先做好某一项。因此在进行店铺定位时，他将店铺定位成了一个云南特产专营店铺。

> **知识加油站 》》**
>
> 　　店铺定位是指一个微网店重点针对某一些客户群体销售产品。关于定位需要认真细分开店者的经营范畴，越细致的产品越可以突出特色，做得越精细就越可以得到买家的认可。店铺定位是针对商品开展的，它的核心是指向商品为谁服务的。

二、价位定位

小吴根据自身的产品综合考虑后，决定采取市场平均价格定位的方式。从创业新人的角度出发，这样的定位更利于后续运营的发展。

> **知识加油站 》》**
>
> 　　价格定位即为营销者把产品、服务的价格定在一个什么样的水平上，这个水平是与竞争者相比较而言的。价格定位一般有三种情况：一是高价定位，即把不低于竞争者产品质量水平的产品价格定在竞争者产品价格之上。这种定位一般都要借助良好的品牌优势、质量优势和售后服务优势。二是低价定位，即把产品价格定得远远低于竞争者价格。采取这种定位的商家的产品质量和售后服务并非都不如竞争者，有的可能比竞争者更好。之所以能采用低价，商家要么是具有绝对的低成本优势，要么形象好、产品销量大，又或是出于抑制竞争对手、树立品牌形象等战略性考虑。三是市场平均价格定位，即把价格定在市场同类产品的平均水平上。

三、确定风格

确定风格是创业者在微网店平台创业时，如何在同类产品中突出差异性的重要手段之一。店铺的经营风格，不仅是用户定位的个性体现，更是产品特色的体现，风格准确度的拿捏决定着店铺在用户心中的价值纬度。因此，小吴在进行风格确定时，着重点将放在体现"云南"的本土气息上，以视觉塑造产品的可信度，由此建立产品与用户的共鸣。

四、关注新动态

小吴发现云南特产中的鲜花饼（见图2-20）从一开始的目标市场为青年女白领，如今却在中老年顾客中流行开来，这时就需要进行重新定位。不但如此，小吴可通过判断找到一个最佳的交叉点，这样的做法在一定程度上能更好地增加创业优势。

图2-20 云南特产鲜花饼

举一反三

通过对上述内容的学习，读者可根据所学内容选择另一品类的产品，对其进行目标市场定位，并完成表2-5的内容。

表2-5 目标市场定位表

品类名称	
目标市场定位	
店铺定位	
价位定位	
风格确定	
关注冷门	

任务 5 营业执照及相关执照办理

任务描述

营业执照是企业法人营业执照的简称，是企业或组织合法经营权的凭证。虽然微网店平台创业的流程相对简便，但由于小吴的创业商品属于特产食品类，食品类的安全问题是用户关注的核心问题，营业执照的成功办理无疑有助于更好地与用户建立信任关系。因此，如何办理营业执照是小吴在创业之前必须了解的内容。

任务实施

不同的企业形式意味着不同的启动条件和资金需求，选择适当的企业形式是创业过程中非常重要的一环，小吴将从以下几步完成自身对营业执照及相关执照办理流程的掌握。

第一步：了解电子商务创业注册企业的必要性

小吴明白在电子商务创业过程中一定需要相关证件的支撑，尤其是食品行业，因此小吴通过互联网查找相关资料，具体步骤如下。

小吴通过百度查找"电子商务网站在创建过程中需要哪些证件"，搜索之后得知，建立电子商务网站除了需要企业营业执照和商标注册证书外，还需要ICP网站经营许可证、互联网出版许可证、网络文化经营许可证等；个人网店由于大多依托于淘宝、拍拍、有赞这种C2C平台进行交易等商业活动，所以就简单很多，不用办理电子商务网站/公司的这些证照和资质，但个人网店经营需要办理营业执照。通过网络从事商品交易及有关服务行为的自然人（也就是个人）目前可自愿办理营业执照，办照时应向提供网络交易平台服务的经营者提出申请，提交姓名和地址等真实身份信息，如图2-21所示。

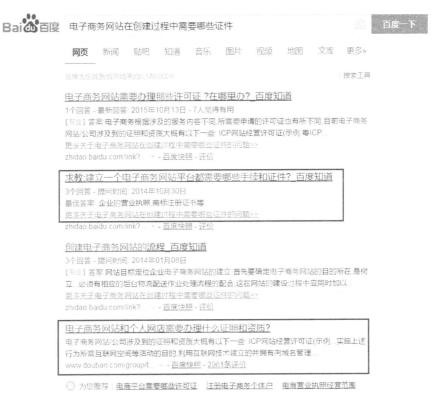

图2-21　电子商务网站在创建过程中需要哪些证件搜索结果

随后小吴通过淘宝搜索"零食"，查看C店在开通时都有哪些认证资质，如图2-22所示，在详情页右侧查看店铺资质，如图2-23所示。

图2-22　淘宝搜索结果界面　　　　　　　　　图2-23　网店信息

单击进入淘宝网店经营者执照信息，从图2-24中可以看到，该店有营业执照和食品经营许可证。

这时小吴提出一个问题，淘宝C店在开通时需要这些证件，那开通微商城是不是也需要相应的资质呢？带着这个问题小吴再次通过百度搜索寻找答案，通过搜索"开设微商城需要营业执照吗"后得知，开通微商城需要进行微信公众号的二次开发，这就必须先进行微信认证，如开通企业订阅号和服务号，所以开微商城必须提供营业执照如图2-25所示。

淘宝网店经营者执照信息

食品预包装经营许可资质

图2-24 网店经营者执照信息

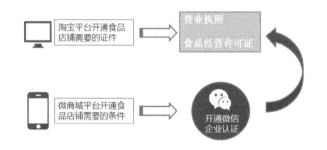

图2-25 搜索结果

那么这些证件应如何申请？需要提供哪些资料呢？

知识加油站 》》 营业执照分类说明介绍

（1）个体户营业执照 零注册资本，不能设立分支机构以及再投资，转让无须公证，需承担无限连带责任。税务方面为定额征税，无须建账，按租金和成本等来估算收入。核定征收后有无收入均需按核定税金缴纳，超出定税部分则另行征收。

（2）合伙企业营业执照 无需注册资本，可从事转让和设立分支机构，需做公证，但不可再投资。税务查账征收，承担无限连带责任或有限责任。

（3）个人独资企业营业执照 零注册资本，可从事转让和设立分支机构，需要做公证，但不能再投资。税务可定税，无须建账，也可查账征收，承担无限连带责任。

（4）有限责任公司营业执照 需投入注册资金，最少1元，无上限。查账征收，按照企业的经营性质及经营业务来确定企业应缴纳的税种及税率。股东承担以注册资本为限度的有限责任。

（5）非上市股份有限公司营业执照 需投入注册资金，最少500万元，无上限。查账征收，根据企业的经营性质及经营业务来确定企业应缴纳的税种及税率。股东承担以注册资本为限度的有限责任。非上市股份公司股东人数2～200人，上市股份公司股东人数不限。

第二步：明确企业注册营业执照及食品经营许可证的办理流程

根据上述问题小吴开始着手营业执照的办理，因为小吴身处云南，所以在相应流程查询时主要以云南省为准。小吴通过网上查询了解到云南公司注册的具体流程如图2-26所示。

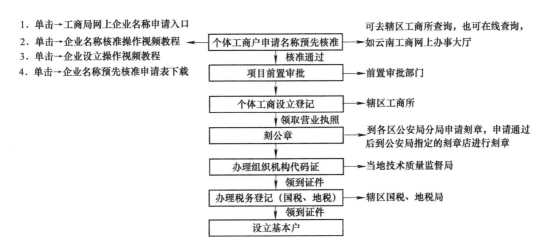

图2-26　公司注册的具体流程

知识加油站

前置审批项目是指依据行政审批制度改革精神，由各级人民政府公布保留的在办理营业执照之前需要进行专项审批的项目。

清楚流程后小吴开始着手营业执照的办理，第一步小吴登录云南工商网上办事大厅（http://gsxt.ynaic.gov.cn/webportal1/）进行个体名称核准，如图2-27所示。

图2-27　云南工商网上办事大厅

第二步小吴需要进行项目前置审批，因为小吴从事的是食品网上销售，所以需去当地的卫生局进行项目审批。

第三步也是最重要的一步，小吴需要携带以下资料前往当地的工商管理局进行营业执照的办理。

1）个人资料（身份证、法人户口本复印件或户籍证明、居住地址、电话号码）。

2）注册资金。

3）拟定注册公司名称若干。

4）公司经营范围。

5）租房房产证和租赁合同。

6）公司地址。

7）公司成员名册及联系电话和地址。

8）公司的机构及其产生办法、职责、议事规则。

9）公司章程。

扫
一
扫　　查看营业执照办理流程。

第四步，小吴需前往当地的技术质量监督局进行组织机构代码证的办理，去时需携带工商户营业执照复印件和工商户户主身份证复印件。

自2016年12月1日起，全国实行个体工商户营业执照和税务登记证"两证整合"，所以小吴无需去当地的税务局进行税务登记证办理。

知识加油站 »

云南省自2016年12月1日起，全省统一实施个体工商户营业执照和税务登记证"两证整合"，将由工商行政管理、税务部门分别核发的营业执照和税务登记证，改为由工商行政管理部门核发一个加载统一社会信用代码的营业执照。同时，实现工商、税务部门的个体工商户数据实时共享，税务部门（包括国税、地税部门）不再发放税务登记证。后期还会对个人网商等新型市场主体依法登记进行探究，稳妥推进个人网商登记工作，实现线上线下统一登记、一致监管。

办理完营业执照后，小吴还须办理食品经营许可证。根据规定，部分企业在办理该证之前需办理食品流通许可证，小吴销售的产品为农产品和已经取得食品生产许可证的产品，所以该环节小吴只需带上相关材料前往云南省保山市食品药品监督管理局办理食品经营许可证即可，所需材料如下：

1）《食品经营许可申请书》（原件1份），可从网上下载。

2）《营业执照》（复印件1份，仅供归档）。

3）与食品经营相适应的经营场所使用证明（经营食品零售的应提供可供商业用途的场所证明）。

4）法定代表人（负责人）的身份证明（复印件1份，仅供归档）、食品安全管理人员的身份证明、保山食品安全管理员培训考核合格证（复印件1份，仅供归档）。法定代表人、负责人取得食品安全管理员培训考核合格证的，可兼任食品安全管理员。

5）与食品经营有关的经营设备、工具清单（原件2份）。

6）与食品经营有关的经营设施空间布局和操作流程的文件（原件2份）：食品经营的空间布局应体现出食品与非食品、散装食品与预包装食品的区分。特许经营项目位置应在空间布局图上明确标注。

7）食品安全管理制度文本（原件1份）。

申请人提供前5、6、7项材料有困难的，可以递交现场照片（含招牌、店内总体环境、主要设备设施、相关流程和制度）替代。

扫
一
扫　　查看2017年食品经营许可证办理流程。

举一反三

根据所学内容，读者尝试查找保健品销售需要的相关资质，如果通过天猫平台销售，需要具备哪些资质，办理过程需要哪些材料，见表2-6。

表2-6　保健品销售相关资质

		保健品销售相关资质		
序号	证件名称	所属单位	所需材料	
1	食品卫生许可证			
2				
3				
4				

任务 6　创业团队筹建

任务描述

创业若想成功，除了精准的分析定位、明确营业执照办理流程等条件外，成立一支符合自身创业要求的创业团队也是必不可少的。在完成上述分析学习后，小吴的创业规划进入了最后阶段，即团队筹建。

任务实施

对于创业初期的小吴来说，要创建一个怎样的团队才能快速发展？创建团队的过程中有哪些注意事项？带着这样的疑问小吴开始学习如何筹建创业团队，具体步骤如下：

第一步：明确筹建创业团队的原则

在清楚营业执照及相关执照的办理流程后，小吴还发现筹建创业团队原来也有可供参考的几点原则：

（1）目标明确合理原则　明确的目标使团队的任务方向明晰，避免迷失方向或者大家目标不一致。

（2）计划实际可行原则　计划可行，要求责任落实到个人，落实到具体细节，存在明确的时间期限、明确的控制指标及改进措施。

（3）分工职责明确原则　分工明确的最佳状态是所有工作都有人做，成员之间的工作不重复不交叉，所有工作都由最佳人选做。这样有利于降低交易成本，提高组织效率。

（4）团队动态调整原则　没有一个企业的团队创建之后就固守已有的规模及人员组成。创业过程中往往存在某些团队成员不适合团队文化的现象，达不到标准的成员还可能导致整个团队人心涣散。

（5）人员互补原则。从人力资源管理的角度来看，建立优势互补的创业团队是保持创业团队稳定的关键。在筹建一个团队的时候，不仅要考虑成员之间的人际关系、亲情关系，更重要的是考虑成员之间在能力上和技术上的互补性。

第二步：设定创业团队的岗位及工作职责

小吴在团队的架构与职能上借鉴了《云颠干果淘宝网店创业计划书》中的团队建设，整个团队分为八个部门：电商规划/企划部、视觉营销部、客服部、市场推广部、物流部、财务部、行政人事，具体部门职责如图2-28所示。

规划好团队架构后，小吴制定出各部门不同岗位的职责和岗位要求，以便日后创业工作能有序开展，具体内容见附录A。

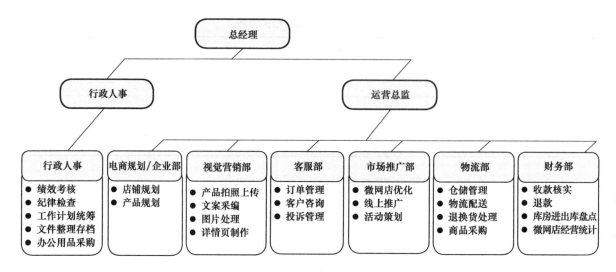

图2-28 创业团队架构图

第三步: 制定创业团队的管理办法和标准

为了提高工作效率和执行力,确保各部门工作顺利落实到位,小吴制定了微网店的工作执行力考核标准及KPI绩效考核方法,同样借鉴了《云颠干果淘宝网店创业计划书》中创业团队管理的内容。

1. 制定工作执行力考核标准

小吴根据工作内容将执行力评分项列为工作态度、工作质量、日程规范三个部分,每个项目分为若干子内容,根据工作具体情况分为三个等级,不同等级设置不同得分范围,最后根据个人总成绩的多少进行相应的奖惩,具体内容详见附录B。

2. 制定KPI绩效考核方法

小吴在原有的基础上进行优化,将KPI根据核心岗位进行划分,详见附录C~附录G。绩效考核分为岗位绩效考核和能力考核,除了确定考核指标及标准,还要确定数据来源。

举一反三

根据所学内容,要求读者完成网店运营总监和网店编辑的KPI绩效考核表(网店运营总监KPI绩效考核表参考地址:http://t.cn/RKMLZqQ,网店编辑的KPI绩效考核表参考地址:http://t.cn/RKMLih2)。

项目练习　　通过本项目的学习,读者应对创业筹备的相关知识有全面的认识,商业计划书是创业筹备的重中之重,一份完整的商业计划书是对创业的整体概括和详细的指引。其中资金筹备的方式决定了企业以哪种组织形式创建,是否明确目标市场定位的方法决定了创业产品的营销方向和营销策略,是本项目的重点和难点。而营业执照及相关执照知识则属于读者应该了解的基础知识。此外,对创业团队的创建原则与架构职能的规划,读者也应进行仔细的了解。

项目三 创业资源管理

创业者通过获取创业资源、组织创业资源追逐并实现创业机会提高创业绩效。无论哪种类型的资源，它们的存在都会对创业绩效产生积极的影响。本项目将从电商创业角度解析创业资源管理的相关知识，包括企业的组织类型、财务管理方式、仓储管理与物流成本核算、商标注册等内容。

通过本项目的学习和实践，读者应了解企业组织类型和企业财务管理的相关知识，熟知仓储管理与物流成本核算方法，明确企业仓储管理的相关规则。

任务1 认识企业商业模式

任务描述

作为企业存在的最基本要素，"商业模式"已经成为创业者和风险投资者嘴边的一个名词。所有人都确信，好的商业模式是企业成功的保障。那么，到底什么是商业模式？它包含什么要素，又有哪些常见类型呢？这是处在创业初期的小吴接下来需要一一了解的。

任务实施

在这个大时代背景下，小吴在电商创业中必须认真思考"互联网+"下的商业模式，并向其倾斜。

第一步：了解"互联网+"的六大商业模式

小吴打算先了解清楚"互联网+"的商业模式有哪些，通过相关资料的学习小吴了解到"互联网+"的商业模式主要分为以下几种。

一、"互联网+"商业模式之一："工具+社群+电商/微商"混合模式

互联网的发展使信息交流越来越便捷，志同道合的人更容易聚在一起，形成社群。同时互联网将散落在各地的分散需求聚拢在一个平台上，形成新的共同需求，并形成了规模，创造了重聚的价值。如今互联网正在催熟新的商业模式即"工具+社群+电商/微商"的混合模式。

例如微信，最开始微信作为一个社交工具出现在用户的视野，后期用户不断增加，到目前几乎

达到了全民普及的程度。微信先是通过其工具属性、社交属性、价值内容的核心功能，过滤海量的目标用户，进而加入了朋友圈点赞与评论等社区功能，继而开发出服务于微商和电商企业的微信支付、精选商品、电影票、手机话费充值等商业功能。为什么会出现这种情况？简单来说，工具能够满足用户的日常需求，会慢慢融入用户的日常生活，它可以用来做流量

图3-1 "工具+社群+电商/微商"混合模式

的入口，但它无法有效沉淀粉丝用户。社群是关系属性，用来沉淀流量；商业是交易属性，用来变现流量价值。如图3-1所示，三者看上去是三个方面，但内在融合的逻辑是一体化的。

二、"互联网+"商业模式之二：长尾商业模式

长尾概念由克里斯·安德森提出，这个概念描述了媒体行业从面向大量用户销售少数拳头产品，到销售庞大数量的利基产品的转变。所谓利基产品，指的是和大热门产品相对应的普通产品。消费者追求个性化需求的趋势愈演愈烈，但一旦通过某个渠道能够找到自己想要的产品，大热门的产品在他们眼里就不再具有那么高的价值，并逐渐转为利基产品。虽然每种利基产品相对而言只产生小额销售量，但利基产品销售总额可以与传统面向大量用户销售少数拳头产品的销售模式相媲美。通过C2B实现大规模个性化定制，核心是"多款少量"。所以长尾商业模式需要低库存成本和强大的平台，并使得利基产品对于兴趣买家来说容易获得。

以ZARA为例，它完全符合经典的"二八法则"，即20%的产品能带来80%的销售额，而另外80%的产品只能带来20%的销售额，并且这部分产品几乎不能为企业带来利润。可是，在互联网的"长尾"市场中，占总量2%的大热门产品，带来50%的收入和33%的利润；8%的次热门产品，带来25%的收入和34%的利润；剩下的90%的长尾产品，同样能够带来25%的收入和33%的利润。大热门产品的总利润，竟然同冷门产品也就是长尾产品的利润相等。无限小众市场的价值总和，将不逊于那些如日中天的大热门商品。

图3-2 ZARA线上线下同步销售在互联网的"长尾"市场中获利

三、"互联网+"商业模式之三：跨界商业模式

马云曾经说过一句很任性的话，他说："如果银行不改变，那我们就改变银行，于是余额宝就诞生了，余额宝推出半年规模就接近3000亿元。"雕爷不仅做了牛腩，还做了烤串、下午茶、煎饼，还进军了美甲；小米做了手机，做了电视，做了农业，还要做汽车、智能家居。

扫一扫　查看雕爷的互联网跨界实践故事。

互联网为什么能够如此迅速地颠覆传统行业呢？互联网颠覆实质上就是利用高效率来整合低效率，对传统产业核心要素的再分配，也是生产关系的重构，并以此来提升整体系统效率。互联网企业通过减少中间环节，减少所有渠道不必要的损耗，减少产品从生产到进入用户手中所需要经历的环节来提高效率，降低成本。因此，对于互联网企业来说，只要抓住传统行业价值链条当中的低效率或高利润环节，利用互联网工具和互联网思维，重新构建商业价值链就有机会获得成功。

四、"互联网+"商业模式之四：免费商业模式

"互联网+"时代是一个"信息过剩"的时代，也是一个"注意力稀缺"的时代，怎样在"无限的

信息中"获取"有限的注意力"，便成为"互联网+"时代的核心命题。很多互联网企业选择以免费、好的产品吸引用户，然后提供新的产品或服务给不同的用户，在此基础上再构建商业模式，比如360安全卫士、共享单车（见图3-3）等。互联网颠覆传统企业的常用方法就是在传统企业用来赚钱的领域免费，从而彻底把传统企业的客户群带走，继而转化成流量，然后利用延伸价值链或增值服务实现盈利。信息时代的精神领袖克里斯•安德森在《免费：商业的未来》中归纳基于核心服务完全免费的商业模式：一是直接交叉补贴，二是第三方市场，三是免费加收费，四是纯免费。

这里以共享单车为例，从早期收取高额押金到现在绑定芝麻信用免收押金，再到后来的免费骑行。近来，摩拜单车更是宣布推出"红包车"，用户骑行可以找到红包并提现。从某种意义上来说，摩拜单车的"红包车"不是单纯地为了提升用户活跃度的补贴或游戏，而是为了解决车辆停放的"潮汐现象"。基于后台大数据，找到车辆移动的潮汐规律，然后根据用户的需求场景来设置特殊的任务，激励用户以骑行"红包车"的方式完成任务并获得奖励，从而帮助调配车辆，使不同时间、不同地域的车辆供给实现动态平衡，如图3-3所示。

图3-3　共享单车的免费商业模式

五、"互联网+"商业模式之五：O2O商业模式

O2O是Online to Offline的英文简称（见图3-4）。狭义的O2O就是线上交易、线下体验消费的商务模式，主要包括两种场景：一是线上到线下，用户在线上购买或预订服务，再到线下商户实地享受服务，目前这种类型比较多；二是线下到线上，用户通过线下实体店体验并选好商品，然后通过线上下单来购买商品。

广义的O2O就是将互联网思维与传统产业相融合，未来O2O的发展将突破线上和线下的界限，实现线上线下、虚实之间的深度融合。其模式的核心是基于平等、开放、互动、迭代、共享等互联网思维，利用高效率、低成本的互联网信息技术，改造传统产业链中的低效率环节，如图3-4所示。

图3-4　O2O商业模式

扫
一
扫　　学习传统企业O2O转型案例。

六、"互联网+"商业模式之六：平台商业模式

互联网的世界是无边界的，市场是全国乃至全球。平台商业模式的核心是打造足够大的平台，产品更为多元化和多样化，更加重视用户体验和产品的闭环设计。

在互联网时代，用户的需求变化越来越快，越来越难以琢磨，单靠企业自身所拥有的资源、人才和能力很难快速满足用户的个性化需求，这就要求打开企业的边界，建立一个更大的商业生态网络来满足用户的个性化需求，通过平台以最快的速度汇聚资源，满足用户多元化的个性化需求。所以平台商业模式的精髓，在于打造一个多方共赢互利的生态圈。

但是对于传统企业而言，不要轻易尝试做平台，尤其是中小企业不应该一味地追求大而全、做大平台，而是应该集中自己的优势资源，发现自身产品或服务的独特性，瞄准精准的目标用户，发掘出用户的痛点，设计好针对用户痛点的极致产品，围绕产品打造核心用户群，并以此为据点快速地打造一个品牌。

扫
一
扫　　学习平台商业模式案例。

小吴对于这六种"互联网+"商业模式进行了认真的分析，考虑是创业初期，小吴认为第一种模式：工具+社群+电商模式是非常适合他的一种创业商业模式，小吴觉得这种商业模式对他而言更具实际操作性。

> **知识加油站** »
>
> 商业模式的作用：
> 1）有助于提高创业成功率。
> 2）有助于保证企业快速、健康地成长。
> 3）为二次创业提供了新思路。
> 4）有助于增强应对全球化竞争的能力。

举一反三

根据上述学习内容，分析小吴为何没有选择O2O模式作为创业初期商业模式。

任务 2　财务管理与企业成本控制

任务描述

创业之初的财务管理是创业的重要环节，初创企业所有的管理活动基本上都建立在财务管理的基础上。要使初创企业的经营管理更加合理，快速走上正轨，就必须加强财务管理。但是小吴对于财务管理是个门外汉，一个初创的企业应该如何进行财务管理呢？

任务实施

小吴想要先了解企业创业之初的财务准备工作有哪些，财务管理具体要做些什么，通过学习这些知识，做好财务初期管理。

第一步：创业初期的财务准备工作

一、树立良好的财务管理观念

小吴认为好的财务管理观念是财务管理的灵魂所在，他学习到财务管理人员的基本财务管理观念有如下一些。

扫
一
扫　　测一测你会理财吗？

（一）货币时间价值观念

货币是有时间价值的，一定量的货币在不同时点上具有不同的经济价值，这种由于货币运动的时间差异而形成的价值差异就是利息。

（二）效益观念

获取经济效益并不断提高经济效益是市场经济对现在企业的基本要求，也是每个经营者的目标，在财务管理方面必须牢固确立效益观念。筹资时要考虑资金成本；投资时要考虑收益率；在资产管理上要活用资金，充分发挥资金的作用；在资本管理上要保值增值，要懂得开源节流。

（三）竞争观念

竞争是市场经济的一般规律。在市场经济条件下，价值规律和市场机制对现代企业经营活动的导向性作用在不断强化，一直遵从着优胜劣汰的原则。市场供求关系的变化、价格的波动，随时会给企业带来冲击。针对外界的冲击，必须要有充分的准备，要强化财务管理在资金筹集、资金投资、资金运营及收入分配中的决策作用，并在竞争中增强承受和消化冲击的应变能力，不断增强自身的竞争实力。

（四）风险观念

风险是市场经济的必然产物，风险形成的原因可归结为现代公司财务活动本身的复杂性、客观环境的复杂性和人们认识的局限性。在财务经营过程中，由于不确定因素的作用，企业的实际财务收益与预期财务收益会发生差异，而带来蒙受经济损失的可能。

二、认识创业初期面临的财务管理上的问题

小吴在了解了基本财务管理观念后，只是对财务管理有了初步的认识，小吴所担心的是他未来在财务管理方面将要面临哪些问题，又该如何解决。于是他又开始认真地学习起来，从众多失败的创业案例中发现，创业初期面临的财务管理问题主要有以下几个方面：

1）重经营、忽视管理，尤其不重视财务管理。

2）只有短期打算，而无长远计划，更没有发展规划。

3）会计基础工作薄弱，财务管理水平低。

4）岗位分工不明确，工作职责变动大。

5）财务管理制度缺失。

第二步：创业初期财务管理的对策

创业初期受条件的限制和对成本的考量，对财务管理不追求高标准，但是要让经营有条不紊地进行，让管理出效率，必须将财务管理的基础工作做好。小吴预备针对创业初期财务管理存在的问题构建相应对策，优化财务管理的资源。小吴制定的具体对策如下。

一、转变观念，重视财务管理，加强学习

财务管理是创业初期企业普遍存在的薄弱环节，是限制创业初期企业继续发展、做大做强的瓶颈。小吴明白，为了自己的微网店能发展起来，必须转变观念，重视财务管理，做好财务管理的基础工作。小吴首先了解了财务管理方面的基本法规和基础知识，学习财经法律、法规和财务管理的相关基础知识，因为他知道只有懂规则、懂专业知识才能有效进行管理，也可避免因不懂规则而造成的一些不必要的损失。银行贷款要看现金流量表（见表3-1）；税务局征税要看纳税申报表（见表3-2）；投资人投资要看资产负债表和利润表（见表3-3、表3-4）。这些文件都需要企业负责人签字，企业负责人是企业财务工作最终的责任人。虽然财务机构的职员能很好地处理财务事项，但作为企业经营者，至少要能看得懂这些报表，所以应对所涉及的财务管理知识加强学习。

表3-1　现金流量表样例

编制单位：　　　　　　　　　　　　　　　　　　　　　　　　　　　单位：元

项目	行次	本期金额	上期金额
一、经营活动产生的现金流量	1		
销售商品、提供劳务收到的现金	2	1342500	
收到的税费返还	3	0	
收到其他与经营活动有关的现金	4	0	
现金流入小计	5	1342500	
购买商品、接受劳务支付的现金	6	392266	
支付给职工以及为职工支付的现金	7	300000	
支付的各项税费	8	199089	
支付其他与经营活动有关的现金	9	70000	
现金流出小计	10	961355	
经营活动产生的现金流量净额	11	381145	
二、投资活动产生的现金流量	12		
收回投资收到的现金	13	16500	
取得投资收益收到的现金	14	30000	
处置固定资产、无形资产和其他长期资产收回的现金净额	15	117300	
处置子公司及其他营业单位收到的现金净额	16	0	
收到其他与投资活动有关的现金	17	0	

表3-2　纳税申报表样例

增值税纳税申报表（小规模纳税人适用）附利资料

税款所属期：　　年　　月　　日至　　年　　月　　日　　　　　填表日期：　年　　月　　　日

纳税人名称（公章）：　　　　　　　　　　　　　　　　　　　　　金额单位：元至角分

应税行为（3%征收率）扣除额计算			
期初余额	本期发生额	本期扣除额	期末余额
1	2	3（3≤1+2之和，且3≤5）	4=1+2-3

应税行为（3%征收率）计税销售额计算			
全部含税收入（适用3%征收率）	本期扣除额	含税销售额	不含税销售额
5	6=3	7=5-6	8=7÷1.03

应税行为（5%征收率）扣除额计算			
期初余额	本期发生额	本期扣除额	期末余额
9	10	11（11≤9+10之和，且11≤13）	12=9+10-11

应税行为（5%征收率）计税销售额计算			
全部含税收入（适用5%征收率）	本期扣除额	含税销售额	不含税销售额
13	14=11	15=13-14	16=15÷1.05

表3-3　资产负债表样例

公司名称：　　　年　　月　　日　　　　　　　　　　　　　　　　　　　　单位：元

资产类	年初数	期末数	负债及权益类	年初数	期末数
流动资产：			流动负债：		
货币资金			短期借款		
短期投资			应付票据		
应收票据			应付账款		
应收股利			预收账款		
应收利息			其他应付款		
应收账款			应付工资		
预付账款			应付福利费		
应收补贴款			应付股利		
其他应收款			应交税金		
存货			其他未交款		
待摊费用			预提费用		
一年内到期的长期债券投资			预计负债		

表3-4　利润表样例

会外银02表
单位：元

编制单位：　　　　　　　　　　　　　　　年　　季　　月

项目	行次	本期数	本年累计数	上年同期累计数
营业收入	1	0.00	0.00	0.00
利息收入	2			
金融企业往来收入	3			
手续费收入	4			
汇兑收益	5			
其他营业收入	6			
营业支出	7	0.00	0.00	0.00
利息支出	8			
金融企业往来支出	9			
手续费支出	10			
营业费用	11			
汇兑损失	12			
其他营业支出	13			
营业税金及附加	14			
营业利润	15	0.00	0.00	0.00
加：投资收益	16			
加：营业外收入	17			
减：营业外支出	18			

二、明确分工

在创建团队、搭建组织结构和进行团队分工时，需要有人负责资金和财务管理，这个人不一定是专职，但一定要有这样一个岗位。创业初期会很忙，创业者要把自己从日常事务中解放出来，就应考虑聘用专业的人士进行财务管理。如果没有条件聘请专人管理，也可聘请专业咨询机构，或与专业咨询机构建立联系，保证咨询渠道的畅通。比如让其配合每个月或每周的资金计划，为新项目写预算书，审核合同条款，寻找融资渠道。

三、建账与记录

（一）建账

找一个专人负责做账还是请代账公司，小吴考虑到创业初期的业务量很少，员工人力成本又是很大的支出项，为了节省开支，小吴决定请代账公司代为管理。小吴了解到现在的代账公司主要提供的就是代账服务，对外为企业报年税年审提供资料，对内提供财务报表。图3-5所示是一般代账公司的服务流程，一般都是企业提供原始单据，代账公司做出相应的账，这就意味着，作为创业公司的管理者，监管、内部控制方面都需要小吴自己来完成。

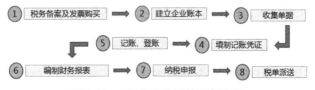

图3-5　一般代账公司的服务流程

（二）记录

要有完备的经济业务记录，因为管理的基础就是各种记录。缺乏完善的记录，将使所有的财务分析、财务决策成为空谈。财务记录的核心内容是凭证、账簿和报表。

第一，会计报表是会计工作的最终结果。即会计报表依据会计账簿来编制，而会计账簿又要依据记账凭证来登记。图3-6所示是通用记账凭证，而图3-7则是记账凭证账务处理程序的七个基本步骤：

1）根据原始凭证编制汇总原始凭证。

2）根据原始凭证或汇总原始凭证，编制记账凭证。

3）根据收款凭证、付款凭证逐笔登记现金日记账和银行存款日记账。

4）根据原始凭证、汇总原始凭证和记账凭证，登记各种明细分类账。

5）根据记账凭证逐笔登记总分类账。

6）期末，现金日记账、银行存款日记账和明细分类账的余额同有关总分类账的余额核对相符。

7）期末，根据总分类账和明细分类账编制会计报表。

记 账 凭 证

年　月　日　　　　　　　　　　　　　　　　第　　号

摘　　要	借　方			贷　方			金　额								
	总账科目	明细科目	账页	总账科目	明细科目	账页	百	十	万	千	百	十	元	角	分
合　　计															

会计主管：　　　　　　审核：　　　　　　　记账：　　　　　　制单：

图3-6　通用记账凭证

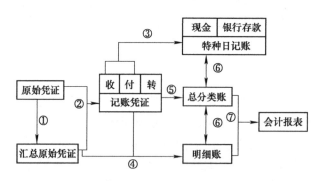

图3-7　记账凭证账务处理程序

第二，作为经营者或投资人，看财务资料时应更关注会计报表，企业的会计报表主要包括资产负债表、损益表、现金流量表、各种附表以及附注说明。

第三，要特别注意的是，各种经济业务发生的原始凭证，如销售单、出货单等，如图3-8、图3-9所示，一定得保存完整，并及时转交会计记账。这是一切财务工作的基础，没有完整的原始凭证不可能做出真实的会计报表。

第四，账簿可以提供每笔业务发生情况的信息。如图3-10所示，通过账簿记录可以更详细地了解各类账户的发生额及余额等信息。

客户：			日期：		NO.	
品名规格	单位	数量	单价	金额	备注	
测试货品	个	1	1.00	¥1.00		
壹元整						
说明：金额大写		折后金额：¥1.00		本次实收：¥1.00		

商品签收人：

图3-8 销售单样例

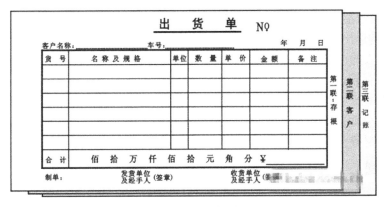

图3-9 出货单样例

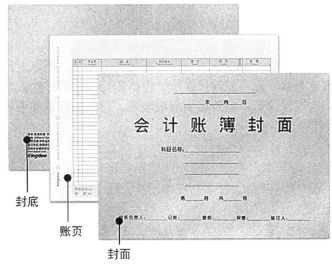

封底
账页
封面

图3-10 会计账簿样例

四、资金管理

企业不论大小、规模，资金管理都是财务管理中最重要的一环。很多精通财务的人最重视的财务报表往往不是损益表或者资产负债表，而是现金流量表，因为现金流量表是最不容易粉饰的。对任何小型企业来说，现金流都是维持运营的关键因素。即使利润表上的数字很好看，但若没有足够重视资本结构、经营费用、应收应付期限，也很可能导致资金链断裂，甚至导致企业倒闭。所以在创业之初，管理者就应该做好现金流的预警分析，防止出现资金链断裂的情况出现。

对创业公司来说，盈利只是目标，活下去才是最重要的。所以创业者要管好资金，具体包括怎么找、怎么用两个方面。

小吴首先对企业的资金需求、资金周转、盈利能力做了一个全面的评价。这些信息一方面是为了清晰自己目前的财务信息，另一方面是为了融资时说服投资者做准备。这些财务信息主要包括以下几类：

1）资金的需求和来源，即创办这家企业需要多少资金，为什么需要这么多的资金，创业者自己准备出资多少，不足的资金准备如何解决。

2）未来的销售情况，即未来三年能实现多少销售额及相应的费用开支，能否实现盈利，何时开始有利润，每年的利润是多少。

3）资金的周转，即未来三年的现金流量如何，能否满足日常开支和偿还债务的需要。

4）企业的投资收益率如何，投资回收期多长。

5）风险资本的退出。如果引进风险资本，风险资本将何时、以何种方式退出，这需要创业者及其参与者根据过去的市场情况和企业的具体状况加以分析确定。

除了考虑财务信息的问题，管理者还应该考虑到在创业初期，资金应该如何合理使用。举个反例，有的创业公司一旦融到钱，就大规模招兵买马，租最大的办公场所，买最好的设备，结果到最后钱花完了，公司却无资金运营下去。细看现在的互联网成功企业都是靠当初的精打细算走过来的。所以做好财务预算，尤其是资金预算，非常重要。

五、内部控制

对于创业期的企业来说，内部控制一定要以财务为核心，调动全员参与。分析创业公司内部控制困难的主要原因还是人少，一人多岗，分工不明、职责不清、业务交叉过多，账务处理不规范、随意性大，事后又没有监督，最后会计信息失真不说，还会给企业造成很大损失。具体应该从以下几个方面去做：

1. 不相容职务分离

创业公司受规模、人员限制，不可能所有岗位都是专人专职，所以进行岗位牵制就显得尤为重要。出纳负责现金收支，就一定不能兼任做账、审核和档案保管；法人章、公司章、财务章要分别交不同的人保管，仓库保管员不能兼做商品明细账，总之处理每项业务全程都要有两个以上的人员负责，起到相互制约的作用。

2. 减少现金交易

所有交易都力求用公司基本户完成。因为通过银行账户付款是有一定流程的，做到不收现金，不付现金，这样年底就是不做账，打印对账单便能大概了解企业现金流，还能保证真实性。

3. 规范内部审批流程

所有签批都按岗位走流程，哪怕让一个人多签几回字也没关系，这样便于明确责任，事后监督。

4. 重视会计档案的保管

很多小企业不重视会计档案的保管，结果出了事想查明真相，追究责任都无据可依。会计凭证只是一个记录，真正重要的是凭证后的原始单据，要告诉会计人员，凭证后该有的东西一个都不能少。自制的单据同样重要，要由专人保管，领收都要登记，单据要有单据号，且必须连号，这样才能方便查询，追踪流向。

5. 管好印鉴章

如果企业创始人不能把所有的印鉴章都抓在手里，那么至少公司章、财务章也要分别交给最可靠的人。财务章管的是钱，公司章管的是责任和风险。所以盖章一定要登记，年底把登记表看一下，就知道今年干了哪些事情，责任人是谁。

第三步：创业初期企业的成本控制

通过学习，小吴认为企业的财务管理对策取决于创业企业的商业模式、创业企业的特点及创业企业经营的具体情况，在创业初期，资金量少、融资渠道少，财务管理难度大，虽然有困难，但是在资金运作上还是要做好成本的控制工作，以财务管理机制促发展。

一、了解企业一般成本构成

小吴了解到企业创业初期的成本一般包括：固定成本，具体有人员工资、房租、保险、职工福利、办公费等；可变成本，具体有原材料、包装、运输、直接人工成本等；销售成本，具体有广告、销售、客户服务成本；设备投入，具体有装修、办公家具、计算机、服务器、生产设备等。

小吴根据自己要创业的企业商业模式——微网店，分析了微网店未来可能会涉及的成本主要包括以下几个方面。

（一）一般产品成本

1）产品成本。

2）包装成本（内包装、外包装、吊牌、售后卡、包装耗材等费用）。

3）配送成本（主要指的是快递费用）。

4）平台扣点（目前大多数微网店平台都是免费的）。

5）税收。

6）产品拍摄与后期制作费用（拍摄、修图和后期制作等费用）。

举个例子，如果产品成本是20元，包装成本是5元，配送成本是8元，商品按售价60元计算，税收按平均8%计算，是4.8元，拍摄按3%计算，是1.8元。由这些数据相加得到一般产品成本是39.6元，占了售价的66%，而且是水涨船高，是销售的硬支出，不可能降得下来。

（二）运营成本

一般产品成本只是成本的一部分，还需要考虑店铺的运营成本，小吴把微网店的运营成本分为人工成本与推广成本两个部分来考虑。

1. 人工成本

微网店创业初期，需要投入资金进行团队组建，按6个人计算的话，包括运营、设计、客服、库管等，每个人按人工成本3000元计算，每个月的固定支出为1.8万元。如果按店铺每月销售额为20万元算，人工成本占销售额的9%。然而事实上，一般商家的人工成本能控制在15%之内就是不错的。

2. 推广成本

推广成本就是广告、引流所产生的费用，这是作为电商互联网行业必不可少的，一般而言，广告的推广成本最少不低于销售额的12%~15%。按最低12%计算，20万元的销售额所需要的推广费用是2.4万元。

按上述商品成交价60元为客单价计算，每月销售额20万元，每月需要销售出3333件商品，一般产品成本占了销售额的66%，人工成本占9%，推广成本占12%，按照销售毛利公式可以计算出，当月销售额为20万元时，销售成本为17.4万元，利润为2.6万元。

销售成本：20×（66%+9%+12%）=17.4（万元）

销售毛利：20-17.4=2.6（万元）

知识加油站 》》

毛利的计算公式：

1）毛利率=销售毛利/销售净额×100%

2）销售净额=商品销售收入-销售退回与折让

3）销售成本=生产成本+销售的费用（广告费用、运费、税费等）

4）销售毛利=销售净额-销售成本

上述计算还是最保守的估计，可能在运营中还会有很多其他的费用，如库存需要的资金等。

看完以上的成本计算分析，小吴发现如果不能把控好成本，不能学会资源的转化，即使店铺每天都有不少订单，最终也可能做不下去。微网店的开设除了技术问题，也许还会遇上更多运营方面的问题，需要从各个方面控制成本，提升网店销量，增长获利。

二、成本控制对策

小吴了解到通过成本控制可以达到以下效果：进行费用支出管控，降低经营成本，提高经济效益；推动企业会计工作的规范化，提高企业经营管理水平；发现经营管理中的漏洞和不足，及时采取措施完善解决。小吴决定制定成本控制对策，加强微网店的成本控制，进行科学的生产经营预测和决策，促进微网店的平稳健康发展。

（一）节约店铺运营成本

更明智地花钱能帮创业者省下更多钱用以发展业务。例如，搜寻在线优惠券来购买办公设备，便可节约不少成本。要学会谈判和讨价还价。许多刚起步的创业者并没意识到一切都要靠谈判——从技术成本和商业账户收费到网页设计以及印刷公司费用都可以谈判。具体到自己的微网店的开设，小吴需要从以下几个方面节约微网店的运营成本。

1．产品供应链

对于产品的货期和库存，运营人员每天都需要清楚。首先就是产品的质量把控，到货后一定要大批量检查产品的颜色、质量、规格等，确保品质合格后再入库。如果不良率偏低，一定要做进库存成本和运营成本里面；如果不良率偏高，一定要全部检查，并将不良品退回。接下来就是仓库的产品分类管理，一定要简洁明了，要保证拣货员能很快找到想要出的产品。

2．快递的选择

快递的选择既要看价格，又要看是否信誉比较好。具体有以下几个要点：

（1）要考虑价格 一般每个快递公司、每个区域，都有一个负责接件的快递员，可以直接跟他沟通价格。

（2）要看快递速度 这可是关键因素，速度快的快递会帮助商家赢得用户好的印象和点评，对店铺后期运营是很重要的。

（3）要看运输方式是否安全 不管用什么运输方式，都要考虑安全方面的问题。

（4）找诚信的快递公司 做什么都需要讲诚信。诚信度高的快递公司，能有更安全的保障，能让买卖双方都放心使用。

3．商品拍摄和详情制作

拍摄前要做好计划并确定风格，最简单的就是请产品设计师告知产品的设计理念以及目标客户群，这样的方式最省时间，也可以快速完成前期工作。摄影中，需要从多个角度突出产品风格及特点以吸引客户关注，其中包括产品的展现形式、拍摄环境以及色彩的搭配，如农产品的拍摄形式为摆拍，环境基本设定为棚内拍摄，为突出产品本身的特点，农产品在拍摄时背景基本设置为白色。拍摄之后的工作是详情页的制作，在详情页中不仅需要体现产品的图片，还需增加辅助"工具"文案，对产品属性进行简单介绍，一般详情页要求页面整洁，不宜添加太多文字内容在上面，最主要的还是要以客户为中心，想客户所想。

4．客服成本

建立完善有效的客服绩效系统，考虑转化率、成交金额、接待人数、引导下单比、下单客单价、客户满意度、员工工作状态和态度等因素。

5．售后成本

尽可能避免和减少产品质量问题，如果入库前能做好验收，售后成本就会大大减少。处理售后退货换货、售后纠纷、配件等问题，以客户是上帝为原则，尽量加大这方面的支出预算，让售后人员能有更大的操作空间让客户更满意。

（二）使用创造性的融资方式

图3-11所示是常见的融资渠道，然而创业经营并不意味着要寻找风险投资——也可以利用一些内部资源融资，例如个人资本和来自亲友们的资金。此外，还可以寻找来自商业计划竞赛的奖金或捐赠等形式的免费资金。这些资金因为不用偿还，所以不用考虑回报问题，可以向当地的商业孵化器、经济发展中心、小企业发展中心等机构寻求有关本地区免费资金来源的信息。

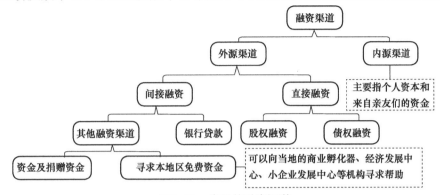

图3-11　常见的融资渠道

（三）合适的规模

第一条生产线规模越大，所需的启动资金就越多。别以为市场需求大就应该一上来就抓住时机大干一番。需要对所在行业进行调研，再确定自己的细分市场。要根据现有资金确定生产规模。

（四）将资金用在能产生收益的要素上

微网店创业属于小预算创业，其关键在于如何高效地使用有限的资源，把资金使用在关键员工身上。灵活地雇用人员，当没有足够的资金雇用全职工作人员时，可以寻求外包服务或找临时帮手。例如迈克尔·柯立兹在创办埃克莱罗公司时，为在海外运营或正在向海外拓展的公司提供翻译服务，柯立兹利用广泛的人脉，只雇用那些能直接创造收入的人员，当遇到能为某项服务付款的客户时，再为这项服务去雇人。

（五）寻求便宜的技术工具

有很多低成本和免费的软件解决方案，只需要找出来去运用即可，如图3-12所示，可以利用微信、微博、QQ等免费的运营工具做初期店铺推广与客服平台。推广成本控制需严谨，要做到数据精确，然后根据详细的数据使广告费发挥最大效用，这并不是要减少广告费去做，而是要以相同的广告费拉到更多的流量。

图3-12　微信、微博、QQ

举一反三

根据上述学习内容，分析作为刚毕业的电商创业者应该如何进行企业的财务管理。

任务 3 仓储管理与物流成本核算

任务描述

电商经营中仓储管理和物流是电商企业要解决的基本问题，两者也是电商经营的基础，两者有效的组织和管理能够在后期运作中降低成本，并提供具有竞争优势的客户服务。在创业初期，仓储管理和物流的选择也是小吴必须做好选择的一项任务。

任务实施

小吴主要从四个方面开展工作，具体内容如下。

第一步：了解仓储管理

小吴通过百度搜索"淘宝C店商家如何进行仓储管理"，如图3-13所示，搜到一篇名为"卖家如何做好淘宝网店仓库管理工作"的文章。

图3-13 仓储管理百度搜索

通过阅读文章小吴了解到，网店在日常运营中需要对商品入库、保管、出库的流程进行基本的了解，这样才能为网店中商品的销售提供一个强大的后备力量，不至于等到商品缺货的那一刻，才发现已经没有商品可出售，或者没有及时调整进货数量，造成某一款商品大量积压。一般淘宝商家会将仓库管理分为五个阶段，如图3-14所示，分为入库检验、编号保管、登记入库、妥善保管、凭单发货。

图3-14 淘宝仓库管理流程

一、入库检验 → 二、编号保管 → 三、登记入库 → 四、妥善保管 → 五、凭单发货

一、入库检验

在商品入库之前，必须由店主或者仓储管理员，对全部货物进行严格认真的检查。检验商品的外包装是否完好，一旦商品的外包装出现破损，或有效日期已经临近，应该拒绝接收货物，并及时向上级主管部门报告。

除了对货物外包装进行检查之外，还应该按照订货单和送货单核对商品的品名、等级、规格、数量、单价、总价、有效期等内容。此外，还要仔细检查包装内的商品是否有破损、污渍，并对数量、规格、品种进行核对。确定以上几点准确无误之后，才能将商品入库保管。

二、编号保管

为了方便查找以及控制数量，淘宝卖家为每一款入库的商品确定一个商品编号，也就是货号。有了商品编号，无论是在仓库中找货还是盘货，都非常方便，大大地提高了仓储管理的效

率。为商品编号的方法很多，其中最简单的方法为"商品属性+序列数"。

知识加油站 》》 京东的仓储管理

1. 仓库货品摆放

仓库一般不是根据产品类别摆放，而是根据销量分区摆放。畅销的货品摆放在靠近通道的货架上。

2. 订单拣货

京东仓库中，货品一般按A～P的顺序依次摆放。拣货人员的拣货汇总单也是按照A～P的顺序排列。这样拣货人员可以从A区到P区依次取货，正好绕仓库走一圈，不需要走回头路。

拣货效率：取货一次拣出20～50份订单；拣货单自动根据订单进行货品汇总。熟练的拣货人员每天可以分拣3500～4000件单品。

3. 货品分拣

从货架上完成拣货后，放置于拣货推车上，然后由分拣人员按订单进行分拣。

4. 出库校验

分拣好后，需要扫描订单号以及货品的条码进行校验。

5. 订单开票

校验完成后送到发票开具区开票。

6. 出库包装

自行配送的货品一般采用两层塑料袋包装。交由第三方承运的，需要在原纸条外，加垫两层泡沫板，加裹一层纸条，再用胶条封死。完成打包后再往系统中输入订单的编号。

（一）为商品分类

仔细为即将入库的商品分好类别，是编号保管的第一步。以食品为例，可以将食品按照种类分为罐头食品、脱水干制食品、冷冻食品或冻制食品等。

（二）确定汉语拼音缩写

每一个商品种类，都对应一个汉语拼音，将汉语拼音的开头字母进行缩写，即可成为商品编号的开头字母。以食品为例，咖啡的缩写字母即为"KF"，以此类推，红糖的缩写为"HT"，蜂蜜的缩写为"FM"等。

（三）确定数字编号

数字编号的位数，可以根据商品的数量而定。但从长远的角度考虑，最好比实际库存数量多一些，因为随着网店的发展，商品的数量可能会越进越多，多使用几位数字，也是为商品的库存数量留有余地。例如，商品的编号是"001～999"，那么KF-054就代表54号咖啡，HT-322就是322号红糖。

（四）品牌商品编号

一般来讲，品牌商品的厂家都会有标准的货号，这样就减少了网店卖家为商品编号的工作。不同品牌的编号方式都不相同，不过只要了解其中的规律，就可以通过货号，很容易判断出是哪款商品。见表3-5，第一个字符代表商品大类粮食加工品，第二、三个字符代表商品小类小麦粉-小麦粉（通用、专用），编号为0101代表第一大类的第一个产品。当然，上述方法并不是商品编号的固定法则，小吴可以将其作为参考，再根据自己店铺的实际情况进行确定。

表3-5　商品编号

序号	大类	小类	产品单元	编号	细则
1	粮食加工品	小麦粉	小麦粉（通用、专用）	0101	小麦粉生产许可证审查细则
		大米	大米（分装）	0102	大米生产许可证审查细则
		挂面	挂面（普通挂面、花色挂面、手工面）	0103	挂面生产许可证审查细则
		其他粮食加工品	其他粮食加工品（谷物加工品）（分装）	0104	其他粮食加工品生产许可证审查细则
			其他粮食加工品（谷物碾磨加工品）（分装）		
			其他粮食加工品（谷物粉类制成品）		
2	食用油、油脂及其制品	食用植物油	食用植物油（半精炼、全精炼）（分装）	0201	食用植物油生产许可证审查细则
		食用油脂制品	食用油脂制品[食用氢化油、人造奶油（人造黄油）、起酥油、代可可脂等]	0202	食用油脂制品生产许可证审查细则
		食用动物油脂	食用动物油脂（猪油、牛油、羊油等）	0203	食用动物油脂生产许可证审查细则

三、登记入库

确定货物没有损伤，并准确制定编号之后，还要对商品的名称、数量、规格、入库时间、凭证号码、送货单位、验收情况等进行详细登记，才能将商品收入库存。

四、妥善保管

商品入库后，不能杂乱无章地摆放在库房中，而是要根据商品的种类、属性、材质、功能等进行分类，分别放入专门的区域，为日后从库房中查找和盘点商品提供方便。同时，还要做好防潮、防水和防火的措施，如食品类商品还要准备专门的冰箱，防止食品变质。

五、凭单发货

商品出库时也要做好详细的登记，遵守商品出库制度，凭订单发货，防止出现差错。无论是否已经有订单交易，网店中的仓储与管理工作都要时刻进行。这是网店销售中的一个基本环节，尤其是对一些企业卖家来说，仓储系统是不可或缺的子系统。

第二步：了解仓储系统

通过以上内容的学习，小吴了解了仓库管理的基本流程，从中也知道仓储管理离不开仓储系统，那么对于小吴这样做微网店创业的创业者来说应选择怎样的仓储管理系统呢？带着问题小吴通过百度搜索以及向有经验的人请教后得出，一个完整的仓储管理系统应包括商品管理、采购管理、库存管理以及销售管理等，通过互联网小吴找到一款名为"××××进销存管理系统"的系统并申请试用，如图3-15所示。

图3-15　仓储系统

　　小吴主要针对系统中的商品管理、采购管理以及库存管理进行了简单操作，小吴以食品为例，首先在商品管理中添加商品，分别单击"商品单位"、"商品分类"、"超市商品"，完成商品添加，如图3-16所示，完成后会在右侧出现相应的信息。

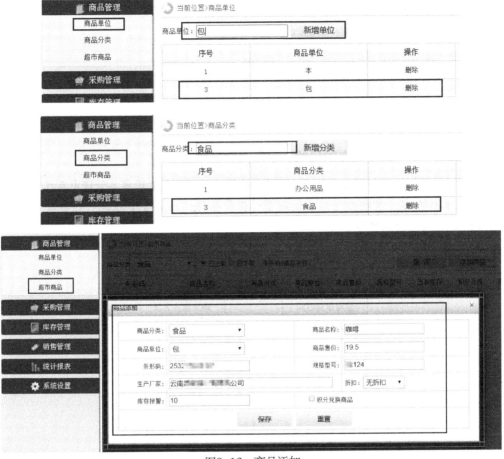

图3-16　商品添加

　　其次是采购管理，该栏分为"采购进货"、"采购退货"、"进货单查询"、"退货单查询"，单击"采购进货"在信息表中填写产品信息，单击"进货"，在"进货单查询"中查看具体货物，如图3-17所示，"采购退货"、"退货单查询"与进货操作相同。

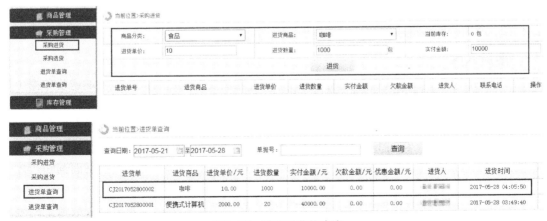

图3-17　进货及货物查询

最后是库存管理，如图3-18所示，该栏目分为"当前库存"、"库存报警"、"库存盘点"、"盘点历史"、"库存变化"，小吴在正式运行时可根据真实的产品库存进行定期检查盘点。

图3-18　库存管理

知识加油站 >> 货物盘点的目的、工作内容及步骤

1）盘点的目的：查清实际库存数量；计算企业资产的损益；发现商品管理中存在的问题。

2）盘点工作内容：货物数量；货物质量；保管条件；库存安全状况；稽核仓库账务工作的落实度；更有效的仓储整顿。

3）货物盘点的步骤如图3-19所示。

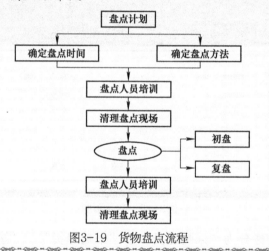

图3-19　货物盘点流程

第三步：明确仓储管理的具体内容

了解了仓储系统及盘点的相关知识后，为了更清楚地了解仓库管理的具体内容，小吴来到了A网店的仓库，学习仓库管理中的商品入库到出库是如何操作的。

一、散货入库

小吴了解到A网店在接收货物前，A网店的仓库管理员要检查送货人员提供的送货单据（见图3-20）是否与到货信息表提供的信息相吻合（含质检报告、供应商名称、计量单位、规格型号、数量、批次等信息），并查看系统中的进货单。如果在检查过程中出现不符或没有送货单据的，交由责任部门（采购部、营销部）确认处理；相符的，仓库管理员以送货单和采购订单验收货品，收货量大于订购量时，仓库主管要通过营销部同意和取得营销部负责人的书面通知后才能超量收货。

仓库管理员检查完送货单据且确认无误后，安排卸货和数量清点，如果存在数量上的差异，或存在包装袋破损变形的情况需及时通知相关部门人员协调解决；外包装破损变形的需拍照取证并通知质管人员，由质管人员判定是否拒收；任何货物都必须有清晰的名称标识；仓库管理员收货无误后，在送货清单上签收，并加盖收货专用章，一联自留，一联交给对方。

货物卸入库房后，仓库管理员应及时填写报验单通知质检人员进行质量检测（包括外观检查），对检测不合格的货物，质量管理部需要及时通知相关部门人员及生产物控人员，物控人员需要根据生产需求决定是否接收或者挑选使用。

送　货　单　　000001

收货单位：________________　　　　___年 ___月 ___日

地　　址：________________　　　　电话：__________

序号	名称及规格	单位	数量	单价	金额 百	十	万	千	百	十	元	角	分
5													
6													
7													
8													
9													
13													
合计金额	佰 拾 万 仟 佰 拾 元 角 分												

第一联：存根

收货单位及经手人（盖章）：　　　　送货单位及经手人（盖章）：

图3-20　送货单

仓库管理员根据质量管理部的判定结果进行收货、退货或者让步接收；对非质量管理部检验范畴的货物，由货物的使用部门进行质量确认；对检验不合格并经联合评审不同意让步接收的物料，需通知相关部门做退货处理（包括采购部、营销部）；让步接收的物料在储存时，仓库需做好标识以便与其他物料进行区别（这部分物资按合格品入库）。合格货物，仓库管理员办理到货的正式入库，仓库管理员在计算机上开具入库单，并由仓库主管审核生效。将入库单打印一式四联，经仓库主管和仓库管理员签字加盖收货专用章后，第一联存根仓库自留，第二联财务联连同送货单位的送货清单交给财务，第三联其他联交给营销部等，第四联交给客户。物资存放在仓库合格品存放区，入库单如图3-21所示。

入　库　单

申请部门：　　业务员：　　库房：　　入库日期：

入库单号		入库类型		订单编号			
供应商名称				联系人			
供应商地址				联系电话			
序号	产品编码	品名		单价	数量	金额	
1							
2							
3							
4							
5							
6							
7							
总金额（大）						¥	
备注：							

制单：　　保管：　　商务：

图3-21　入库单

不合格物料，库管员不予办理入库手续，货物将被存放在仓库的不合格区并通知责任部门（采购部门、生产安技部、营销部）处理；责任部门需要在最短时间内完成退货手续的审批和实物退货，如不能按时处理应书面反馈理由，严禁造成不合格货物长期存放在库内。

库管员填写完入库单转交相关单位负责人签字（包括采购部、营销部），签字后递交账务人员做ERP系统及财务系统数据录入。

> **知识加油站** »
>
> ERP全称为Enterprise Resource Planning，即企业资源计划，包括生产资源计划、制造、销售、采购等功能，它是以企业业务流程为主导来构建的，可以整合企业内的资源，提高各部门的运转效率。
>
> 财务系统是专门为会计人员提供的账务处理软件，有助于会计核算的规范化，提高会计核算的工作效率。

仓库账务员在系统数据录入完成后，及时将单据递交相关部门（采购部、财务部等），仓库留存联做好整理归档，仓库入账人员入账必须在货物通过检验后完成。仓库账务员录入完成后应及时将录入的系统数据告知库管员做最终的收货确认。

二、成品入库

在入库前，仓库管理员需要填写成品入库单并完成相关审批手续，仓库管理员将完整的入库单据递交仓库成品管理员。在货物送到仓库时，成品管理员需要检查货物包装以及标识，没有问题就可以签字交接入库；如果有异常成品，管理员应不予办理入库手续。

仓库成品管理员办理完成品实物入库后，要将单据递交账务人员做数据录入和单据处理。

三、在库管理

商品仓库是一个高度密集的地方，小吴了解到A网店的仓库管理员需要定期检查货物，维护仓内清洁和安全，在库管理的各项工作都要做到细致、标准，必须定期做仓库进出货物的统计汇总。

（一）仓内安全

仓库最大的问题就是安全，仓库一旦发生火灾，会使大量的物品被烧毁，造成重大的经济损失。经常存放大量干货的仓库，一旦遇火会立刻燃起，造成巨大损失，所以做好仓库防火具有重要的意义。仓库建设应严格按照有关的规定，并经公安消防监督机构审核。仓库在竣工时，项目负责人会同公安消防监督部门进行验收，验收不合格就不能使用。图3-22为仓库防火标识。

图3-22　仓库防火标识

仓库管理员应熟悉储存物品性质、保管业务知识和防火安全制度，掌握消防器材的操作使用和维护保养方法，做好本岗位的防火工作。在夜间也要严格执行巡逻制度。值班人员应当认真检查、督促落实。

进入库区的所有机动车辆，必须做好防火工作。各种机动车辆装卸物品后，不准在库区、库房、货场内停放和修理。装卸作业结束后，应当对库房、库区进行检查确保安全。

（二）存储方式

一般货物的存储方式有三种：第一种是季节性储存。它由生产季节与消费时间不一致引起，这种不一致包括全年生产季节性消费、季节性生产全年消费和季节性生产季节性消费三种情形。第二种是周转性储存。它是指流通企业为维持正常经营而进行的储存，其储存量取决于企业的经营能力、资金实力和管理水平等。第三种是储备性储存，又称国家储备，指防备灾荒、战争或其他应急情况而进行的物资储备，一般是涉及国计民生的物资，如粮食、棉花、石油、药品、战备物资等。

在储存过程中，由于储存的货物自身各方面（如成分、结构、性质等）原因，以及储存环境因素（如空气、温度、湿度、阳光、微生物、虫鼠、外力、卫生状况等）的影响，往往导致货物发生质量的损失和数量的损耗。因此，储存货物需按照种类存放在不同区域，为节省空间对于同种类有包装（如箱、桶、袋、箩筐、捆、扎等包装）的货物都按照堆垛的方式存储，必要时使用苫垫遮盖货物，防止货物受潮受损。

如图3-23所示，以食品为例，食品及食品原料入库时，要详细记录入库产品的名称、数量、产地、进货日期、生产日期、保质期、包装情况、索证情况，并按入库时间的先后分类存放，做到先进先出，以免储存时间过长而生虫、发霉。

储存库内的各类食品原料、成品、半成品与卫生质量有缺陷的食品，短期存放食品与较长期存放的食品，具有异味的食品和易于吸收气味的食品，要分开存放并有明显标识。

图3-23 食品库存管理

存放的食品应与墙壁、地面保持一定的距离，一般的要求是离地离墙，以利于通风换气，且货架之间应有一定的间距，中间留有通道。

建立库存食品定期检验制度，对库存食品，随时掌握所储存食品的保质期，防止发生霉烂、软化、发臭、虫蛀、鼠咬。

食品储存库内不得存放农药等有毒有害物品。

冷库内不可存放腐败变质食品和有异味的食品。

库房要定期打扫，清库时应做好清洁消毒工作，冷库要经常查看温度，并定期清扫和除霜。

（三）管理办法

首先，根据网店自身情况划分仓库管理岗位，各司其职，做好本职工作。对仓库进行清理整顿，可移动物品再组合，合理摆放，腾出更多的空间，争取无死角，退库报损的商品，该回库的回库，该报损的进报损仓。

其次，实现库位库存管理，每件商品都有应对的库位，小包装的产品和赠品放到一起，同为畅销商品的可以放到一起，符合季节性销售的商品可以放到一起，同时也可以将滞销商品等按不同类别分类进行摆放如图3-24所示。实现网店仓库管理的系统化，所进所出，利用系统将退货、换货、销售明细等做得清清楚楚，查询时一目了然，如图3-25所示。

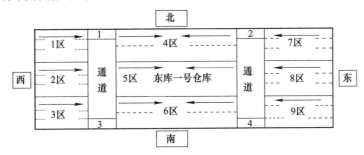

图3-24 库位管理示意图

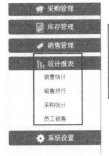

图3-25 仓储管理系统统计报表

四、出库管理

（一）出仓管理

当货物出仓时必须办理出仓手续，如A网店销售部在接到一个订单出货时，需要向仓库管理员传送销售订单，仓管通过订单开始备货，并送达销售部，销售部检查货物是否受损、货物的数量是否正确、标签是否掉落等，核对正确发出，如货物出现问题则返回仓库。

如图3-26所示，在整个过程中各部门人员需要核对流程单或相关凭证等，货物发出必须由销售部开具销售发货单据，仓库管理人员凭盖有财务发货印章和销售部门负责人签字的发货单仓库联发货并登记。所有货物出库单据都要做保存归档。

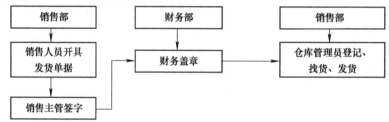

图3-26　出库流程

仓库管理员在月末结账前要与相关部门做好物料进出的衔接工作，各相关部门的计算路径应保持一致，以保障成本核算的正确性。库存物资清查盘点中发现问题或差错，应及时查明原因，并进行相应处理。如属短缺及需报废处理的，必须按审批程序经领导审核批准后才可进行处理，一律不准自行调整。发现物料缺少或质量上的问题（如超期、受潮、损坏等），应及时地用书面形式汇报仓库主管。

（二）货物打包

货物打包是物流过程中一个重要环节，将不同的货物分类打包，不仅显示了物流工作的合理性，在一定程度上还能增强物流的安全性，包装因材料和重量的不同，对物流成本也会有所影响。

1. 选择打包材料

选择打包材料要兼顾货物安全和节省成本两方面。如图3-27所示，常见的包装有纸箱、快递袋、木箱等。

图3-27　包装材料

纸箱是最常见包装之一，可根据货物体积选择不同大小的纸箱，它的优点是堆放方便、节省空间，但它最大的缺点是成本较高；快递袋是由快递公司提供的货物包装袋，适用于不怕挤压的产品；木箱和快递袋的适用条件刚好相反，适用于体积大、容易损坏、对防震要求很高的产品。

对于易碎商品，在包装时需要在产品周围加上填充物，防止在运输过程中因严重震荡造成产品受损。

填充物主要选择废旧报纸，或者购买专门防震的填充物。如图3-28所示，填充物以体积大、重量轻为佳，在货物装箱时产品要和纸箱之间空出一定的距离，从而方便放置填充物。

图3-28　防震填充物

2．产品确认

打包人员在打包前首先要检查打包台面是否整洁，除了在打包过程中需要用到的工具外，其他物品一律不得放置在打包台面上。打包员从储物框内取出商品与销售单据，先检查销售单据与商品是否一致，如果不同返回给销售部负责人，对商品破损、条码不清楚的必须退回质检部处理。打包人员扫描销售单和商品标签，等到系统完成确认再进行正式打包。

3．选择包装

打包人员要根据产品的大小、种类等特性选用合适的包装物进行初步放置。如果商品表面不规则，客户订购多包时，打包就需要较大的纸箱。封箱前检查桌面是否有遗漏商品，订单有无放入包装物内。

4．胶带缠绕货物

用塑料袋包装的物品，胶带在塑料袋外缠绕呈"十"字形，防止商品从中散落，拼袋（或拼箱）的商品，除用胶带呈"十"字包装外，还要用胶带弥合接口。液体类商品加贴"易泄易漏""此面向上"标识，易碎品加贴"易碎"标识。标识加贴与包裹单同面，纸箱包装的物品，箱体上下对缝必须密合，胶带缠绕不少于2周，左右侧缝用胶布缠绕密合，如图3-29所示。

图3-29　包装方式

包装完成后加贴标签打印机打印的地址面贴，地址面贴与商品的外包装均应保持平整，以便于下个流程进行扫描，将包装完好的商品放置于绿色流水线上，打包完成。

第四步：掌握物流成本核算

小吴需要明确选择一家适合自己微网店的快递公司，要考虑哪些问题呢？

（1）价格　卖家在快递公司官网，根据网点分布查询离发货地址较近的快递点的联系方式，直接跟该网点的工作人员谈合作价格。

（2）发货速度　卖家不能盲目追求低价格，应该结合发货速度综合考虑。一般可以先考虑常见的快递公司如申通、圆通、韵达等，这些比较大的快递公司在全国分布的网点较多。

（3）服务质量　对于服务质量，卖家比较关心的有：是否会经常丢件、物流信息跟踪是否及时、包裹破损等问题。

在选择快递公司之前，首先要注意地区的概念，小吴微网店的发货地在云南某区，那么货物寄到云南和寄到新疆，快递价格差距会很大，如果统一定价不分地区，会给微网店带来经济上的损失，所以微网店物流配送应划分区域，并对每个区域的运费进行不同的定价，而定价范围可以与物流公司进行协商后决定，见表3-6。

表3-6　地区划分图

中国地区名称	区域
云南省、四川省、贵州省、广西壮族自治区	一区
海南省、陕西省、山西省、重庆市、黑龙江省、甘肃省、辽宁省、吉林省、宁夏回族自治区	二区
广东省、福建省、安徽省、北京市、天津市、湖北省、湖南省、江西省、河北省、河南省、山东省	三区
内蒙古自治区、西藏自治区、青海省、新疆维吾尔自治区	四区

注：港、澳、台暂未开放。

一般来说，考虑到成本的问题，除非客户要求发其他快递，网店一般会选择已经确定的快递公司，取得本地区的内部报价。见表3-7，申通快递公司的运费在不同区域内是不相同的，所以小吴的微网店可根据不同区域制定不同的物流费用，也可以灵活选用不同的快递公司或者根据客户的需求选择快递公司。除了自身选择的快递公司外，还需主动询问客户，让客户自主选择。自主选择不是没有边际的，不可能所有的客户都发顺丰快递，需在备用的几家快递公司中选择，这样在尊重客户的同时，也可让客户对小吴的微网店更加信任。如果客户没有收到货物，要主动协调买家及物流公司，特殊情况下在找物流索赔的同时，可以优先再给客户发货一次，尽量做到让客户满意。

表3-7　申通快递公司运费

申通快递（http://www.sto.cn/）				
项　　目	一区	二区	三区	四区
到货时间	1～2天	2～3天	3～4天	4～5天
首重费用（元/kg）	8元/kg	10元/kg	12元/kg	15元/kg
续重费用（元/kg）	重量×8元/kg	重量×10元/kg	重量×12元/kg	重量×18元/kg

举一反三

根据上述学习内容，分析作为刚毕业的电商创业者应该如何进行企业的仓储和物流管理。

学习归纳

通过本任务的学习，读者应认识到仓储管理的流程，以及在管理中应注意的问题，能根据地区及产品选择快递公司及核算物流费用。

任务 4 商标注册

任务描述

在创业资源的准备过程中关于商标注册的问题一直困扰着小吴，小吴深知商标对于企业的重要性，但是创业初期的自己，商标方面的知识还很欠缺，自己需要学习更多的有关商标注册的专业知识。

任务实施

第一步：了解商标注册

小吴先从商标注册入手，了解清楚商标注册所需的资料和注册流程。

一、商标注册

商标注册是指商标所有人为了取得商标专用权，将其使用的商标，依照国家规定的注册条件、原则和程序，向商标局（国家工商行政管理总局商标局官网http://sbj.saic.gov.cn/，见图3-30）提出注册申请，商标局经过审核，准予注册的法律事实。经商标局审核注册的商标，便是注册商标，享有商标专用权。

图3-30 国家工商行政管理总局商标局官网

（一）注册资料

1）以公司名义申请的需提供营业执照副本复印件，以个人名义申请的需提供个体户工商营业执照复印件与身份证复印件。

2）商标图样6张。指定颜色的彩色商标，应交着色图样5张，黑白墨稿1张，图3-31所示为滴滴打车的商标图。提供的商标图样必须清晰，便于粘贴，商标图样可以用光洁

图3-31 滴滴打车商标图

的纸张呈现或用商标照片代替，长和宽不大于10cm，不小于5cm（约为名片大小）。商标图样方向不清的，应用箭头标明上下方。申请卷烟、雪茄烟商标，图样可以与实际使用的同样大。

3）商标注册申请书，如图3-32所示，需要填写申请人名称、地址、申请条件、联系方式等。

4）代理委托书（委托代理机构进行注册的需提供）。

5）确定商品或服务类别及具体的商品或服务项目。

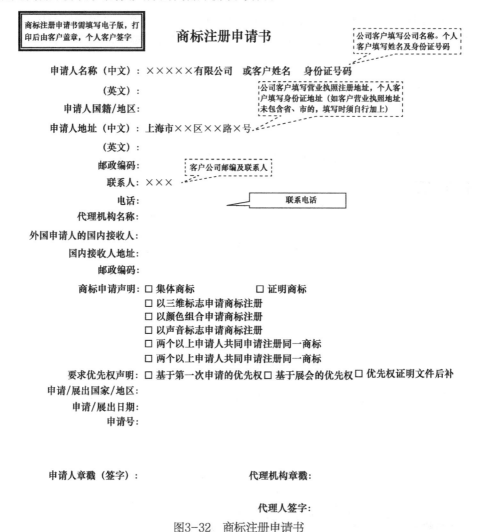

图3-32 商标注册申请书

（二）注册流程

商标注册的简单流程如图3-33所示。

图3-33 商标注册的简单流程

二、商标注册的作用

商标对企业的帮助和作用有哪些？带着这个疑问，小吴开始了下面的学习。

（一）市场中的通行证

1）商标是企业品牌文化的精髓，而企业的品牌形象的建立是企业为之奋斗的核心。

2）在相关的国家或者地区申请注册商标的商品才能进驻该国家和地区各大型卖场、超市。

3）一些较大的电子商务平台都要求商家提供商品的注册证书，没有商标就无法入驻。

4）企业一般在印刷厂印刷标签、包装或者在各种媒体上做广告宣传都需要出具相关品牌的商标注册证明文件。在国际贸易中，商标是极为重要的，国际贸易离不开商标。

5）对行政管理部门来说，需通过对商标的管理来监督商品和服务质量，为办理质检、卫检、条码创造必备条件。

（二）商战中的旗帜

战旗象征着一往无前的精神，冲锋陷阵的精神动力。战旗代表的都是一支部队的魂，攻占一个阵地后就插上自己的旗子，代表已经被占领，那是荣耀。商标就是企业的这种精神的象征，也是对企业商品、服务所占领领域的最直接的表述。

（三）重要的无形资产

商标的评估价值能增加企业的总资产额，而且越高价值的品牌越能体现出该商标的影响力和企业的经营情况，间接反映出消费者对该商标所标示商品的接受程度。

商标作为一种无形资产，还可以通过转让，许可给他人使用，或质押来转换实现其价值。

（四）消费者眼中的识别码

商品在市场上接受社会检验和监督，参与竞争，这种市场竞争是商品质量、价格等多种性能指标的竞争，而这些信息是通过商标这一桥梁传递给消费者的。利用商标宣传商品、服务，言简意赅、醒目突出、便于记忆，不但能给消费者留下深刻印象，还能激发其"从速购买"的欲望，从而达到创名牌、扩大销路的效果。

（五）企业信誉的载体

商标不仅是区别商品和服务来源的标志，而且是企业的信誉、竞争力强弱的象征，企业信誉的具体表现方式就是商标所标示的商品为消费者带来的满足感。商标凝结了所标示商品、服务，以及该商品经营者、服务提供者的信誉，商标是商品、服务信誉和与之相关的企业信誉的最好标示。商标信誉在市场竞争中至关重要，一个有信誉的商标，对于提高商品竞争力、打开商品销路起着十分重要的作用。

（六）企业融资的有效方式

商标专用权质押贷款业务是以企业商标所有权为质押物，通过第三方评估确认企业商标价值，银行采用灵活的抵、质押模式，为有融资需求的企业发放占企业商标价值一定比例的贷款。

（七）品牌纠纷中的盾牌

商标就好比是战争中的盾牌，谁拥有商标的专用权谁就是这个"盾牌"的主人，注册商标，享有专用权，不但可以保护自己的商标权益不受侵害，在必要的时候还可以反弹伤害给不当竞争者。

商标注册人拥有商标专用权，受法律保护，别人不敢仿冒，否则就可以告其侵权，获得经济赔偿。相反，若被他人抢先注册，则必然失去自己精心策划苦心经营的市场，自己反而可能成为侵权被告。

学习了注册商标的七个作用，小吴才真正明白了商标注册对于企业的意义是如此重要，商标作为企业的无形资产是每一个创业者都应该重视并予以保护的。

第二步：商标权保护

小吴明确了商标注册的重要性，那么注册后的商标可以获得哪些权利呢？小吴针对商标权开始了学习。

一、商标权的主体

商标权主体又叫商标权人，是指依法享有商标权的自然人、法人或者其他组织，包括商标权的原始主体和继受主体。商标权的原始主体是指商标注册人，继受主体是指依法通过注册商标的转让或者转移取得商标权的自然人、法人或者其他组织。

二、商标权的客体

商标是商品的生产者、经营者在商品或者服务上采用的，用于区别商品或服务来源的，由文字、图形、字母、数字、三维标志、声音、颜色或上述要素的组合构成的，具有显著特征的标志。经国家核准注册的商标为注册商标，受法律保护。

三、商标权的取得

在国际上，商标权的原始取得大体上采用以下三种方法：商标注册在先取得原则；商标使用在先取得原则；混合原则，兼顾注册在先和使用在先得原则。我国采取的是商标注册在先取得原则。

四、商标权的内容

（一）专用权

专用权是指商标权人对其注册商标依法享有的在核定商品或服务上的独占使用权利。商标注册人使用注册商标，有权标明"注册商标"字样或者注册标记。

（二）禁止权

商标禁止权是商标权人依法享有禁止他人不经过自己许可而使用注册商标和与之近似的商标的权利。

（三）许可权

许可权是指商标权人可以通过签订商标使用许可合同许可他人使用其注册商标的权利。

（四）转让权

商标转让权是指商标权人依法享有的将其注册商标依法定程序和条件，转让给他人的权利。

（五）续展权

续展权是指商标权人在其注册商标有效期满前，依法享有申请续展注册，从而延长其注册商标保护期的权利。注册商标的有效期为10年，自核准注册之日起计算。注册商标有效期满，需要继续使用的，应当在期满前6个月内申请续展注册；在此期间未能提出申请的，可以给予6个月的宽展期。每次续展注册的有效期为10年，宽展期满仍未提出申请的，注销其注册商标。

五、商标权的侵权行为

按照商标侵权行为表现的不同，侵权行为可分为：假冒注册商标行为，销售侵犯商标权的商品，伪造、擅自制造他人注册商标标识或者销售伪造、擅自制造的注册商标标识的行为，反向假冒行为，给他人的注册商标专用权造成其他损害的几种不同类型。

> 搜一搜
>
> 查阅未注册商标侵权案例。

第三步：企业使用不注册商标的危害

作为一个创业初期的创业者，小吴觉得商标注册确实很重要，但是商标注册何时进行比较好呢？小吴想等自己的经营稳定一些了再去注册，于是小吴对一些没有注册商标的企业情况进行了了解。

一、一个企业使用的商标不经过注册，则商标使用人对该商标不享有商标专用权

也就是说，一个企业可以使用这个商标，另一个企业也可以使用这个商标，这就使商标标明商品来源的基本作用受到了影响，也导致商标代表一定商品质量和信誉的作用大打折扣。比如，A企业生产的"温暖"牌保温杯，这款杯子外观时尚、保温效果好，很受消费者欢迎，但"温暖"商标并没有注册，于是其他一些保温杯生产厂家觉得这种杯子既好销又能卖出好价钱，就纷纷在自己生产的保温杯上打上"温暖"商标出售。结果，鱼目混珠，A企业的市场销售额迅速下降，"温暖"商标的信誉一落千丈，更有不少消费者拿着其他企业生产的"温暖"牌保温杯要求A企业退换或赔偿经济损失。A企业请求商标主管机关制止其他企业使用"温暖"商标，但因该商标不是注册商标，A企业不享有商标专用权，商标主管机关不能受理A企业的请求。

二、一个企业使用的商标不经过注册，一旦其他企业将该商标抢先注册，该商标的最先使用者反而不能再使用该商标

根据《中华人民共和国商标法》（以下简称《商标法》），商标专用权的原始取得只有通过商标注册取得，而申请商标注册，又采用申请在先原则，即对一个未注册商标来讲，谁先申请注册，该商标的专用权就授予谁。因此，不管一个企业使用一个商标多久，如果它没有将该商标注册，那么，只要其他企业将该商标申请注册，商标专用权就会授予其他企业。

三、一个企业使用的商标不经过注册，就是未注册商标有可能与使用在相同或类似商品上的已注册商标相同或者近似，从而发生侵权行为

在新申请商标注册时，如果未经事先查询，申请的驳回率几乎达到70%。换句话说，使用未注册商标，就有70%侵权的可能性。因为《商标法》第七十六条规定"在同一种商品或者类似商品上将与他人注册商标相同或者近似的标志作为商品名称或者商品装潢使用，误导公众的，属于侵犯注册商标专用权的行为"。使用未注册商标，不管本意如何，总是存在侵犯他人注册商标专用权的可能性。侵权就要受处罚，就要赔偿经济损失，就要影响企业的生产经营活动。为了企业的正常经营、发展、也为了尊重他人注册商标专用权起见，使用未注册商标的企业应当及时进行商标注册，获得法律保障。

四、一个企业使用的商标不经过注册，商标就不能形成工业产权，因此也不能成为企业的无形资产

由于《商标法》规定，注册商标专用权才受法律保护，未注册商标不受法律保护，其使用人也不享有商标专用权。所以，从严格意义上讲，在中国只有注册商标才能形成工业产权，只有注册商标才能成为企业的无形资产。

经过了解，小吴认为在创业初期就做好自己企业的商标注册是非常有必要的，等到公司稳定下来再注册，也许自己的商标就会陷入更大的风险当中，作为创业者保护好自己的商标也是创业前期一定要做的事情。

举一反三

根据上述学习内容，分析作为刚毕业的电商创业者应该如何进行企业的商标注册和管理。

通过本项目的学习，读者应对创业前的资源内容有一个基础的认识，其中创业所需的各种资源内容的基础知识及资源准备要点是本项目的核心，学习"互联网+"的六大商业模式并能根据自身情况选择适合自己的商业模式，学习企业的财务管理与企业成本控制，了解仓储管理和物流成本对于企业的影响，明确商标注册对于创业初期企业的重要性。在学习这些内容的同时读者还可以提升问题的分析能力和判断能力，培养创业初期的企业战略思维和管理思维。

项目四　平台选择

项目简介

本项目将从电商创业角度解析微网店平台选择中的利弊，包括认识微网店创业优势，熟知常见微网店类型及了解网上创业平台。通过本项目的学习，读者可以更加深刻地理解微网店创业的优势及不同微网店平台的特点，为后续的微网店创业运营奠定良好的基础。

项目目标

通过本项目的学习和实践，读者在"认知—了解—领悟"的过程中，了解传统电商与移动电商相关知识及优劣势，明确市场上常见电商平台类型及其差异、特色，从而为选择正确的电商创业移动端平台积累丰富的知识资源。

任务1　认识微网店创业优势

任务描述

随着网络技术的发展及网络用户的增加，电子商务已经成为人们日常生活的一部分。传统电商以阿里系为首占据着市场的第一阵地，而移动电商也不甘示弱。小吴作为一名电商专业的毕业生，同时也是一名创业者，他该从哪些方面了解传统电商和移动电商的特点及创业优势？

任务实施

小吴针对淘宝网与微网店这两大代表性平台，从多方面做出对比分析。

第一步：了解平台入驻费用

小吴主要从入驻费用和流量两个方面对淘宝网和微网店进行对比。首先关于入驻费用方面，小吴从淘宝网的规则中心（https://rule.taobao.com）了解到，淘宝网集市开店为免费，但为保障消费者利益，开店成功后部分类目需缴纳一定额度的消费者保障服务金，对于自己想要创业的原生态农产品，必须缴纳1000元保证金，如图4-1所示。同时根据《中华人民共和国食品安全法》要求以及淘宝网食品行业标准，小吴若要经营食品类的网店，必须提交相关的资质并通过淘宝网备案审核后才可正常发布产品信息。

类目	保证金金额/元
电动车/配件/交通工具>>电动车整车>>老年代步车	50000
电动车/配件/交通工具>>电动车整车>>电动四轮车	50000
大家电 >> 厨房大电	20000
大家电 >> 空调	20000
大家电 >> 平板电视	20000
手机	10000
平板电脑/MID	1000/50000
装修服务	30000
农业生产资料（农村淘宝专用）	10000
宠物/宠物食品及用品>> 狗狗	6000
宠物/宠物食品及用品>> 猫咪	6000
珠宝/钻石/翡翠/黄金>> 翡翠（新）、和田玉、天然琥珀（新）、彩色宝石/贵重宝石、黄金首饰（新）、铂金/PT（新）、K金首饰、天然珍珠（新）、专柜swarovski水晶（新）、其他天然玉石	5000
住宅家具	5000
个性定制/设计服务/DIY>>设计服务	2000
个性定制/设计服务/DIY>>其它定制	2000
度假线路/签证送关/旅游服务	1000
景点门票/实景演出/主题乐园	1000
特价酒店/特色客栈/公寓旅馆	1000
手机号码/套餐/增值业务	1000

图4-1　淘宝网平台部分类目及保证金金额

知识加油站 >>

　　消费者保障服务是指经用户申请，由淘宝网在确认接受其申请后，针对其通过淘宝网这一电子商务平台同其他淘宝买家达成交易并经支付宝服务出售的商品，根据本协议及淘宝网其他公示规则的规定，用户按其选择参加的消费者保障服务项目，向买家提供相应的售后服务。

　　这里需要注意的是，如果只出售国内生产的且未经加工的初级农产品，如苹果、新鲜蔬菜等，不需要提交食品资质备案。

　　对于微网店，小吴先了解了比较常见的微店，从官网（https://www.weidian.com/）中查到保证金可自愿选择，最低1000元起步，并且也没有食品资质方面的要求。小吴根据入驻淘宝网与微店的费用对比（见表4-1），发现仅从入驻费用方面而言，微网店的优势显而易见，费用低、入门易，且规则简单。

表4-1　淘宝网入驻与微店入驻费用对比表

淘宝		微店	
类目	费用/元	类目	费用/元
零食/坚果/特产	1000	食品	1000
美容护肤/美体/精油	1000	化妆品	1000
手机	10000	手机	1000
宠物食品及用品	6000	宠物食品及用品	1000
平板电脑	50000	平板电脑	1000
个性定制/设计服务	2000	个性定制/设计服务	1000

扫
一
扫

查看各大平台入驻资费对比。

第二步：了解平台流量情况

在了解了两者的入驻费用后，小吴下一步需要对淘宝网和微店两者的流量进行对比。不管是传统电商还是现今发展趋势迅猛的移动电商，流量都是任何电商网站避不开的现实问题。对于电子商务而言，流量意味着销售额、利润和扩散空间，可以说流量是一切电子商务创业人员是否能成功创业的关键。小吴通过权威数据统计网站Alexa（www.alexa.cn），查询到淘宝网流量数据（见图4-2），可以看到淘宝网日均UV（独立访客）值达到约1.4亿人次。由此可见淘宝网流量非常巨大，同时对应的淘宝卖家数量也十分庞大，对于第一次创业的小吴来说，竞争压力不言而喻。而对于微店，与淘宝网最大的不同之处是微店是个开放的平台，与淘宝网的闭环相比有很大优势。微店的卖家更多是通过自身渠道、人脉和影响力等进行移动端流量的获取，更能直接地利用人们的碎片化时间，并且能够与客户进行深入沟通，也更容易建立和维护品牌形象。

网站 weidian.com 的全球网站排名与 UV & PV 值	以下UV&PV数据为估算值，非精确统计，仅供参考			
周期	全球网站排名	变化趋势	日均UV	日均PV
当日	13639	↑ 1830	169600	1017000
周平均	16062	↑ 8099	160000	672000
月平均	13564	↓ 5061	204800	839000
三月平均	9542	↓ 2077	323200	1302000

图4-2 淘宝网流量数据参考值

扫
一
扫

查看PV、UV、IP相关知识。

通过深入了解，小吴总结出微网店创业优势集中体现在以下五点：

一、开店成本低

传统电商开店保证金需要数千元甚至上万元，年服务费亦是如此。目前移动端微网店网的入驻费用远远低于传统电商。

二、商业模式独特先进

微网店独特的商业模式，引发了大批网民的参与。微网店的爆发式增长得益于其独特的商业模式。微网店把传统电商从烦琐的网络推广中解放出来，开店者也省去了找货源之苦，是互联网分工进一步细化的体现。

三、功能集成一体化

微网店集社交、支付、电商等功能于一身，对于卖家而言沟通、营销推广、达成交易更加便捷。

四、运营高效化、推广及时化、内容精细化

微网店购物在购物信息推送中用户触达率较高，卖家可以通过微信等社交工具随时向买家推送定向信息，并对买家接收信息进行实时跟踪，精确分析，加以识别、挖掘，从而帮助卖家深度培养买家购物行为和精准服务买家，实现构建CRM管理的便捷化、高效化的目的。

五、数据统计尽在掌握

微网店提供详细的粉丝数据和网店流量数据，让卖家能以数据的方式观察自己网店的生意，

发现网店的真正潜力或者网店存在的问题，需要做哪些方面的优化等。

举一反三

根据上述学习内容，读者可针对B店（以天猫为主）与有赞商城两者入驻费用进行对比分析，主要对比类目为手机、美容护肤、特产零食、平板电脑及定制服务五个，通过对比，掌握不同平台的规则及入驻信息搜集方法，并理解彼此的优势，完成表4-2。

表4-2　传统天猫入驻与有赞商城入驻费用对比表

天猫		有赞商城	
类目	入驻费用/元	类目	入驻费用/元
特产零食		特产零食	
美容护肤		美容护肤	
手机		手机	
平板电脑		平板电脑	
定制服务		定制服务	

任务 2　熟知常见微网店类型

任务描述

在明确了微网店创业优势之后，小吴接下来就要选择合适的微网店平台来搭建自己的网店，但市场上有很多微网店平台，这么多平台都有各自的特点，哪些比较适合自己想要创业的产品呢？小吴决定从目前国内市场上广泛使用度和用户占比均较高的微网店平台着手分析。

任务实施

小吴对国内三大微网店平台——微店、有赞及萌店，从功能和业务特点两方面进行分析。具体步骤如下：

第一步：认知常见微网店特点及功能

一、微店

微店是北京口袋时尚科技有限公司开发的一款帮助卖家在手机开店的软件，如图4-3所示。它操作简单，只要有一部手机，就可通过手机号开通自己的微网店，还可以通过一键分享宣传微网店，并促进成交。微店最大的优势是不向用户收取任何费用，因此非常适合资金有限的小卖家。

目前，微店的经营范围包括商超百货、服饰鞋包、母婴食品、家用电器、数码产品、图书、化妆品、汽车及其配件等多个类目范畴。

（一）微店的特点

1. 零手续费

开店过程完全免费，而且所有交易都是免手续费的。

2. 账期短

微店每天会自动将前一天的货款全部提现至卖家的银行卡，一般

图4-3　微店登录、注册页面

1~2个工作日到账，非常方便。

（二）微店的功能

1．商品管理

卖家可以轻松添加商品、编辑商品，并能通过一键分享等功能将微店分享到微信朋友圈、微博、QQ空间等社交平台，如图4-4所示。

2．微信收款

可以通过微信向客户发起收款消息，达成交易。

3．订单管理

新订单有免费短信通知，通过扫条码输入快递单号，就可以快速有效地管理订单。

4．销售管理

可以查看销售数据，包括每日订单统计、每日成交额统计、每日访客统计等，如图4-5所示。

图4-4　微店的商品管理功能　　　　图4-5　微店的销售管理功能

5．客户管理

可以查看客户的收货信息、历史购买数据等信息，有助于分析客户的喜好，从而展开有针对性的营销，如图4-6所示。

6．我的收入

可以查看每一笔交易的收入和提现记录，对账目做到心中有数。

此外，微店还有设置私密优惠活动的功能，这样有利于吸引买家，让商品的定价更加灵活；还提供货到付款交易等其他多种功能。

二、有赞

（一）有赞简介

有赞是一家移动零售服务商，主要为企业和个人提供移动电商产品服务方案。2012年成立至今，已经连续发布了"有赞微商城""有赞供货商""有赞微小店"等多个产品，如图4-7、图4-8所示。

图4-6　微店的客户管理功能

图4-7 有赞微小店登录页面　　　　图4-8 有赞微小店首页

（二）有赞的特点

1. 帮助企业建立自己的移动零售商城

主要面向线下实体门店和线上传统电商，通过自建商城为他们提供客户粉丝经营、在线互动营销、线上线下打通、商品销售等服务。

2. 多渠道商城

可以绑定微信公众号、支付宝等，实现线下实体门店、线上传统电商互联互通。

3. 商品管理

可以批量导入京东、淘宝等平台的商品，对接所有主流ERP（企业资源计划），完成多种促销商品形态。

4. 订单管理

全面管理普通、代付、分销、拼团、到店自提等10类订单，快速导出发货。

5. 客户管理

通过会员卡、标签、积分、储值卡，提升老客户存留，真正实现单客经济。

此外，还有实时代付、拼团、多级分销、优惠券码、显示折扣等上百种营销组合玩法。

> **知识加油站** 》》
>
> 单客经济是和客户建立直接的联系，进行高频的互动，从而促使消费者重复购买，充分挖掘客户终身价值。

（三）有赞的功能

1. 多人拼团

基于多人组团形式，鼓励用户发起与朋友的拼团，以折扣价购买商品，同时带来更广的传播效果。

2. 积分商城

"粉丝"通过在店铺内消费获得积分，并且可以利用积分兑换特定商品。

3．销售员

销售员可以帮助商家拓宽渠道。商家通过定制推广计划招募卖家加入推广队伍，并在其成功推广后给予一定奖励，以此扩大传播、提升整体销量。

4．秒杀

秒杀是有赞微商城推出的一款营销应用。卖家可以针对某款商品，在特定时间内以超低的价格售卖，以此拉动人气，从而带动网店的销售业绩。

除此之外，有赞还有很多其他功能，如促销工具、互动营销、互动游戏、店铺拓展等。

三、萌店

（一）萌店简介

萌店是上海微盟企业发展有限公司于2015年开发的一款应用，如图4-9、图4-10所示。萌店一直坚持"人人开店、人人传播、人人分销"的经营理念，自2015年3月上线以来飞速发展。同年7月萌店已经成立国际电商事业部，开始涉足跨境电商，整个商品涵盖了日韩、欧美等30多个国家的潮货、尖货。

图4-9　萌店用户登录页面　　　　　图4-10　萌店页面

（二）主要功能

1．开店赚钱

开店零门槛，轻松赚钱，并且支持全渠道推广。

2．轻松管理

随时随地管理店铺，不会轻易错过任何一个客户、任何一单生意。

3．即时通信

卖家意见咨询，货源情况随时沟通，让买卖沟通无限。

4．分销管理

自有货源可设立分销佣金，方便邀请好友加入分销，真正实现互惠互利。

5．数据统计

精准的数据统计，方便用户随时查看数据，掌握萌店状况。

6．个性化装修

域名个性化设计、装修个性化，方便打造独一无二的店铺。

根据上述的简单了解，小吴对常见微网店类型有了基本的认识。他认识到在选择微网店平台时，应综合考虑平台的功能完善程度、用户群体属性特点、平台功能可延展性等多方面因素，并结合企业目前的需求状况进行平台选择。

举一反三

根据上述学习内容，读者完成三大平台入驻对比信息调研，包括品牌商、分销商、零售商及流量等内容，并通过调研对比掌握三者的区别与特点，完成表4-3。

表4-3　移动微网店平台开店信息比较

项目 ＼ 平台	微店	萌店	有赞
费用	保证金1000元，其他免费	保证金1万～2万元；平台服务年费每年6000元；技术服务费每笔1%～4%	保证金1000～5000元；平台使用费每年4800元
产品	微店APP 微店买家版APP 口袋购物APP	萌店APP	有赞微商城APP 有赞微小店
优点	操作简单，适合刚起步卖家	专业分销平台，支持三级分销	拥有客户管理体系，营销功能完备
品牌商 （企业或个人能否入驻情况）			
分销商 （企业或个人能否入驻情况）			
零售商 （企业或个人作为零售商能否入驻情况）			
流量 （流量来源情况）			

学习归纳

通过本任务的学习，读者应了解国内三大微网店平台：微店、有赞及萌店的特点及功能。

任务3　了解网上创业平台

任务描述

认识了三大微网店平台之后，小吴开始思考，自建平台和第三方微网店平台哪个更适合自己的经营现状。对此，小吴决定沿用上述对比分析方法，以最终确定电商创业平台。

任务实施

小吴在了解与分析了微店、有赞和萌店这三大具有代表性的第三方微网店平台的功能和特点后，进一步分析自建微网店平台，通过对比并结合实际情况，确定好电商创业平台。

第一步：分析自建微网店平台

小吴通过多方面了解得出自建微网店平台相较于第三方平台具有以下主要优势：

一、功能更加灵活

自建平台比第三方平台的功能更加自由灵活，可以根据个人的需求进行有针对性的开发。

二、无佣金负担

自建平台没有佣金负担，很多第三方平台在收取平台使用费的同时还要对每笔订单进行佣金分成。

三、更易打造品牌形象

自建平台可以根据企业理念、产品等进行多样化设计，有利于企业文化的表达与形象打造。

虽然自建平台有很多优势，但是很多中小企业常常不具备自建平台的能力。因为自建平台需要投入大量的建设资金和时间成本，需要投资购买服务器、域名、软件等基础设施，还需专门的技术人员定期更新维护以及运营。并且在整个平台运营期间，所有的流量来源都只能靠公司自行推广去获取，因此推广成本高、难度较大；要想打响知名度，需要企业投入大量广告宣传。

小吴在了解自建微网店平台和第三方平台的特点后思考，目前是否有能够综合这两者共同优势的平台，即具备既无佣金，又功能灵活、可按需求定制等优势的平台。小吴在网上搜索的同时也与一批创业成功的朋友沟通，了解到某公司的微网店创业平台能够满足自己的这些要求。

第二步：确定电商创业平台

小吴根据了解到的某公司网上创业平台（见图4-11），首先在其微信公众号里初步认识了产品功能、成功案例等相关信息，也联系了客服人员进行具体、详细的了解，并实际试用了该软件的一小部分功能，得出该公司网上创业平台的主要特点如下。

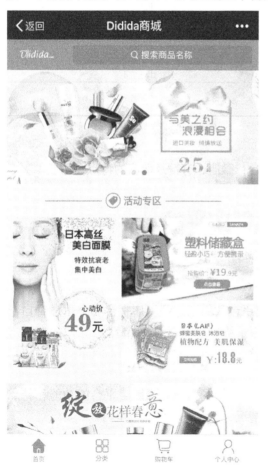

图4-11 某公司网上创业平台

一、无佣金和技术服务费

该公司的微网店创业平台不同于第三方平台的收费规则，无须缴纳佣金或每笔的抽成，也不同于自建平台，无须后期技术维护、升级等的服务费用。

二、移动端和PC端协同操作

该公司的微网店创业平台支持移动端和PC端协同操作，移动端APP更方便，小吴可以随时随地进行微网店的管理和运营。

三、与微信完美对接

该公司的微网店创业平台与微信完美对接，便于进行微信营销，突出社交化营销的价值。

四、功能灵活化

该公司的微网店创业平台同样具有自建平台功能灵活化的特点，可按照实际需求定制特色功能，且不同于自建平台需要额外的技术开发等费用。

小吴最终确定使用该公司的微网店平台进行创业。在创业前期综合对比分析市场上的主要平台特点，结合自己的实际情况和需求，筛选出合适的创业平台，这是创业成功中最关键也是最重要的一步。

举一反三

根据上述学习内容，读者调研分析自建微网店平台与第三方平台微网店优劣势，并通过调研分析充分理解并掌握自建平台与第三方平台的优劣势特点，完成表4-4。

表4-4　自建与第三方平台优劣势对比表

自建平台		第三方平台	
优势	劣势	优势	劣势

通过本项目的学习，读者应对微网店创业优势、常见微网店类型及网上创业平台有一个基本的认识，其中微网店创业优势与网上创业平台作为本项目难点需要读者重点掌握，常见微网店类型为本项目的重点，需要读者了解三大平台的特点及功能。与此同时，通过本项目的学习，读者还可以掌握信息搜集能力、分析问题能力、判断能力等，培养和实践后续创业运营中的思维能力和基础技能。

项目五　货源寻找与消费者分析

项目简介

本项目将从创业者的角度为读者深度解析货源寻找及消费者分析，包括影响商品选择的因素、不同商品进货渠道分析对比、目标消费人群确定以及消费者行为分析，通过以上内容的学习使读者对货源及消费者有深刻认识，并能使用所学知识完成创业期间的货源选择及消费者分析。

项目目标

通过本项目的学习与实践，读者应了解商品在最初选择时应考虑的核心因素，在此基础上通过对不同货源渠道的对比掌握其各自的特点，同时能够根据产品确定目标消费群体，并对消费者行为进行分析，掌握消费者分析方法。

任务1　商品分析

任务描述

对于电商创业者来说，能否正确选择一款有市场需求的商品决定着整个创业的成败。那通过哪些方式可以确定创业者所选择的商品在市场上的需求状况呢？

任务实施

为了了解云南滇红茶在市场上的需求状况和需求趋势，以及在电商领域的销售状况，小吴通过百度指数、店侦探等数据工具对该品类商品进行了深入分析。

第一步：分析商品的需求状况

知识链接 »

百度指数（http://index.baidu.com）是以百度海量网民行为数据为基础的数据分享平台，通过百度指数可以研究关键词搜索趋势，洞察网民兴趣和需求，定位受众特征。百度指数的数据虽然是经过处理之后所给出的参考数据，但可以从侧面反映出一个品类、一款商品的市场需求变化状况。

为了了解市场上对于云南滇红茶的需求状况，小吴通过百度指数搜索"滇红茶、滇红"两个关键词，如图5-1所示，从2014年至今该关键词处于上升趋势，尤其是移动端，上升趋势明显，这说明该产品在互联网市场具有较好的市场前景。

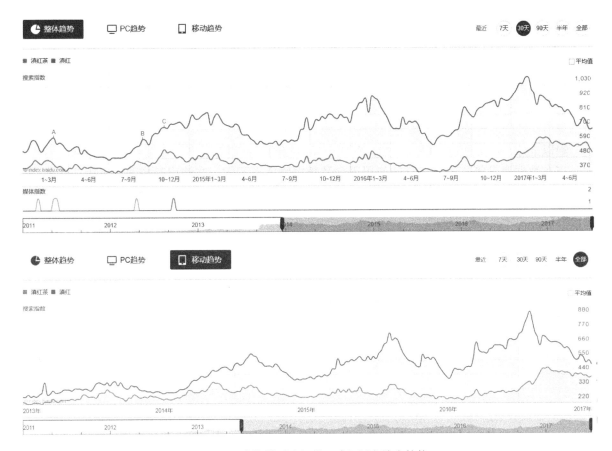

图5-1　百度指数对滇红茶、滇红用户搜索趋势

为了确保数据的准确，小吴又使用了360趋势等多个搜索引擎指数工具对相关的关键词做了进一步分析，分析结果与百度指数分析结果吻合，至此产品的市场需求分析告一段落。

第二步：分析商品的市场销售状况

淘宝网是目前国内最大的电子商务平台，对淘宝平台上的商品进行研究分析可以帮助小吴深入了解品类、商品的销售状况。但由于淘宝网的部分数据不能直接提供，并且直接分析商品销售情况工作量相对较大，小吴选择使用店侦探插件分析云南滇红茶在淘宝网的销售情况。

扫
一
扫
　　查看店侦探插件安装步骤及功能说明。

小吴在淘宝网通过搜索"云南滇红"与"红茶"等相关关键词，对该产品的销售数据统计和分析，如图5-2以及表5-1所示。

图5-2　店侦探统计淘宝"云南滇红、红茶"近30日销量状况

表5-1　店侦探统计淘宝"云南滇红、红茶"价格和销量

关键词	价格（最近30天）			销量人次（最近30天）		
	平均价/元	最高价/元	最低价/元	平均消费人次/人	最低消费人次/人	最高消费人次/人
云南滇红	98.07	480	9	469	188	2773
红茶	62.68	278	9	4352	1162	21354

　　小吴通过店侦探数据统计分析得出，在淘宝平台上云南滇红的消费人次占到整个红茶消费人次的近13%，这进一步证明市场对于云南滇红的需求，而且云南滇红的平均价格高于普通红茶，这对小吴后期的产品定价提供了参考。

　　除以上外，小吴通过互联网得知，获取产品数据的工具还有很多，如生e经、知数宝、数据雷达、京东数据罗盘等，不同工具的使用平台及数据侧重点不同，在使用时需要满足相应的条件并支付相应的费用，如生e经需要通过阿里巴巴旗下商家服务市场进行购买，如图5-3所示，在购买和使用时必须拥有自己的店铺。

图5-3　生e经

扫一扫　　查看生e经的安装及使用说明。

举一反三

　　根据上述学习内容，请读者通过百度指数、360指数完成坚果、毛绒玩具、童装三类商品的市场需求趋势变化，并分析在淘宝网这三类商品的销售状况。

任务2　货源寻找

任务描述

　　电子商务创业过程中，货源的选择是一个网店的重中之重。网店装修做得再好、推广做得再到位，将客户引到店中，销量也只是一时的，商品不具有吸引力，质量不够好，也不会有回头客。因此，在货源寻找之初小吴首先需要考虑影响商品选择的因素有哪些，其次是渠道的选择。

小吴应该从哪些方面着手，来确定最终的进货渠道呢？

任务实施

　　小吴选择的创业对象是云南当地的土特产，在寻找货源时需充分考虑到地区因素及产品特点，首先小吴了解了影响这类商品选择的因素。

第一步：了解影响商品选择的因素

　　通过互联网搜索相关资料完成信息分析，小吴将影响产品选择的因素分为三个方面：自我因素、产品因素、市场因素。

一、自我因素

　　结合实际情况，小吴进行自我资源分析，确定在商品选择时应考虑两方面的因素，包括自身因素和资产储备。首先，小吴根据自身的身体状况及精力确定哪类商品更适合自己创业销售，在心理上做好充分的准备；其次是资产的储备，选择商品和自身的资产息息相关，资产的多少直接影响最终决策，对于创业初期资金有限的小吴来说，在选择产品时需充分考虑这一点。

扫一扫　　查看创业者的自我资源分析。

二、产品因素

　　经过分析，小吴认为对于云南特产来说影响其销售的主要因素为产品质量安全问题。主要包括：①产品在种植过程可能产生的危害，如使用农药超标，产地环境带来的铅、镉、汞、砷等重金属元素，石油烃、多环芳烃、氟化物等有机污染物；②产品保鲜、包装、贮运过程可能产生的危害，包括贮存过程中不合理或非法使用的保鲜剂、催化剂和包装运输材料中有害化学物等产生的污染；③产品自身生长发育过程中产生的危害，如黄曲霉毒素、沙门氏菌、禽流感病毒等；④特产在二次加工过程中带来的潜在危害等方面。所以小吴在选择产品时需要考虑产品的种植环境、包装、运输等因素。

> **知识加油站》** 　　　**重金属和有机污染物**
>
> 　　重金属是指密度在$4.5g/cm^3$以上的金属，如金（Au）、银（Ag）、汞（Hg）、铜（Cu）、铅（Pb）、镉（Cd）、铬（Cr)等。有些重金属通过食物进入人体，干扰人体正常生理功能，危害人体健康，被称为有毒重金属。
>
> 　　有机污染物是指以碳水化合物、蛋白质、氨基酸以及脂肪等形式存在的天然有机物质及某些其他以可生物降解的人工合成有机物质为组成成分的污染物。有机污染物可分为天然有机污染物和人工合成有机污染物两大类。

三、市场因素

　　选择产品时市场因素也是重中之重。市场因素包括市场定位，根据产品及销售地区了解市场需求。在之前小吴了解了市场定位的相关知识，这里还需要了解影响市场需求的因素都有哪些。

知识加油站 »» **需求和产品需求**

需求是指人们在欲望驱动下的一种有条件的、可行的，又是最优的选择，这种选择使欲望达到最大满足。

产品需求是指在一定时期内，消费者在各种可能的价格下对某种产品愿意而且能够购买的数量。

通过相关资料的学习和研究，小吴总结影响市场需求的因素有七种，并对每一种因素进行了分析，具体内容如下。

（一）消费者偏好

因与个人、地域有关，消费者偏好支配着用户在使用相同数量货币或购买相近商品时的不同选择。消费偏好并不是固定不变的，而是会受到外界因素和个人的内在因素的影响而发生变化。

（二）收入

收入是影响需求的重要因素，如果消费者收入增加，将引起需求增加，反之亦然。比如一个企业高管买礼品要求产品质量、包装、产品美观度等各方面都要有一定档次，价格相对来说偏高，而普通工薪阶层买礼品则最看重的是实惠。

（三）产品定价

一般来说，价格和需求呈反方向变化，但如果消费者意识到低价格将会带来高风险的时候，这条规律就会有变化，这就是人们常说的"一分价钱一分货"。所以，低价只有当消费者感觉到质量有保证、交易安全可靠的时候才会发生功效。比如淘宝，交易的安全性得到认可后才大规模引起量变。

（四）替代品的价格

这里的替代品不仅仅指传统意义上的竞品，而是指使用价值相近、可以互相替代来满足人们同一需求的商品，如煤气灶和电磁炉。一般来说，相互替代商品之间某一种商品价格提高，消费者就会把需求转向替代品，从而使替代品的需求增加，反之亦然，但与此同时也要考虑互补品的价格。

（五）互补品的价格

互补品是指使用价值上必须互相补充才能满足人们的某种需要的商品。比如手机和手机资费就是互补品，在购买手机后必然使用运营商的服务，资费的价格就会影响手机的销量。在互补的商品之间，一种商品价格上升，会导致另一种产品的需求降低。比如资费提高，手机的销量就会受一定影响；资费下降，手机的销量就会有一定程度的提高。

（六）消费者预期

消费者预期是人们对于某一经济活动未来的预测和判断。买涨不买跌就是这个心理，如果预期价格上涨，会刺激人们提前购买；如果预期价格下跌，人们就会推迟购买。

（七）其他因素

此外，还有许多其他因素，如商品的品种、质量、广告宣传、地理位置、季节、国家政策等。

第二步：分析不同进货渠道

进货渠道可以分为线上资源渠道和线下资源渠道，除此之外还有一种为自产自销，但小吴对不同渠道的特点并没有深入了解过，为此，小吴对不同渠道进行了对比分析，并根据自己的实际情况确定了一种渠道，具体内容如下。

一、线上渠道

通过互联网搜索"云南特产批发"关键词，小吴找到三个具有代表性的线上批发网，阿里巴巴、马可波罗及特产批发网。小吴分别从信息完整度、产品价格、销售情况、服务情况等几个方面对三个网站进行了分析。

以茶叶为例,小吴分别在三个网站搜索"云南茶叶",搜索结果如图5-4～图5-6所示,特产批发网没有搜索结果,而阿里巴巴和马可波罗都有相应的产品,所以小吴排除了特产批发网。接下来查看、对比其他两个网站的相同产品信息,小吴在两个网站分别搜索"云南普洱饼茶",具体分析见表5-2。

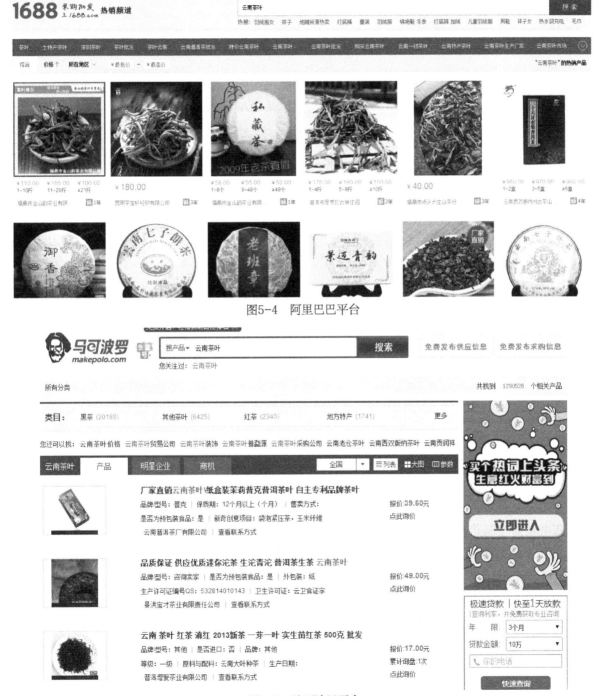

图5-4 阿里巴巴平台

图5-5 马可波罗平台

扫一扫　　查看阿里巴巴线上采购流程。

湖北　供应　西红　菠菜　白菜　土豆　西红柿　机械　葡萄　芹菜

| 在线商家：0 | 产品总量：8591 | 首页 | 供应 | 商城 | 求购 | 行情 | 公司 | 展会 | 技术 | 资讯 | 招商 | 品牌 |

当前位置：首页 » 供应 » 搜索

	相关搜索
关 键 词： 云南茶叶	在 商城 找 云南茶叶
○智能 ○标题 ○简介 ○公司 ○品牌	在 求购 找 云南茶叶
更新日期： ____ 至 ____ 所属行业： 不限分类 ▼	在 行情 找 云南茶叶
信息类型： 信息类型 ▼ □标价 □图片 □VIP 所在地区： 所在地区 ▼	在 公司 找 云南茶叶
单价范围： ____ ~ ____ 排序方式： 结果排序方式 ▼	在 展会 找 云南茶叶
	在 技术 找 云南茶叶
立即搜索　重新搜索	在 资讯 找 云南茶叶
	在 招商 找 云南茶叶
抱歉，没有找到与"云南茶叶"相关的内容。	在 品牌 找 云南茶叶
	在 知道 找 云南茶叶
建议您：	在 视频 找 云南茶叶
• 看看输入的文字是否有误	在 商盟 找 云南茶叶
• 去掉可能不必要的字词，如"的"、"什么"等	
• 调整更确切的关键词或搜索条件	今日搜索排行
	01 茶叶　　　636条

图5-6　特产批发网

表5-2　线上渠道分析表

平台名称	阿里巴巴	马可波罗
产品种类	云南普洱饼茶	云南普洱饼茶
信息完整度	从搜索结果页面可以看出产品除主图外有价格、月成交量、公司名称、会员标志等信息	除主图外，搜索结果页面的信息呈现包括品牌、保质期、售卖方式、公司名称、产品价格、联系方式等
产品价格	商家根据购买量的不同对价格进行灵活调整	可以议价，但价格结果不明确
销售情况	可查看月成交量	无销售情况
服务情况	可在线联系客服，与客服联系询问产品信息，服务态度较好	无在线客服人员，需要电话联系

通过以上分析，小吴总结出两个平台的分析结果，阿里巴巴产品种类较多，信息呈现及销售、服务相对于马可波罗较为完善。两者虽在价格上有所差异，但阿里巴巴胜在产品价格分层上，如图5-7、图5-8所示，阿里巴巴中的商家会根据购买量的不同对价格进行灵活调整，马可波罗中虽可以议价，但价格结果不明确。

云南特产 批发2008年勐海茶叶 老班章普洱茶熟茶 七子饼茶357g　　　　　　　　　　　　　　本户

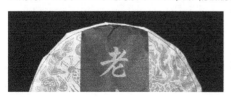

价格	¥26.90	¥23.00	¥19.90 (0.06元/g)
起批量	1-6 饼	7-41 饼	≥42 饼

图5-7　阿里巴巴平台产品详情页

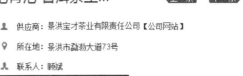

图5-8　马可波罗平台产品详情页

知识加油站

好的线上货源和供应商一定要具备以下条件：

1）有较好价格优势，这是打造爆款的前提。

2）如果是代发货的，物流方便，供货有保证，是爆款持续热卖的前提之一。

3）产品信息详尽，方便刊登，避免出现后期客户纠纷。

4）有较好的售后服务，能更好地提升客户体验，招揽回头客。

5）产品重量要轻，以便节省订货费用和国际物流费用。

6）产品质量要过硬，这是打造爆款和吸引消费者重复购买的前提。

　　小吴还了解到，除平台外还可以在网上找相应的产品代理，不用找货源，也不会有存货，不需要自己去拍照制作产品图。但产品代理也存在一些问题，担心没有经过自己的手，产品质量问题不敢保证。对于想保持买家百分百好评的小吴来说，产品质量非常重要，除质量外快递费用也是个问题，小吴想如果他代理的卖家在上海而自己在云南，自己的朋友通过他这里购买而要从上海发货，运费将为上海到云南的邮费，而不是市内快递，所以小吴在这里也排除了产品代理渠道。

　　小吴根据以上分析对线上渠道的特点进行了总结，线上渠道不管是大货还是小而轻的产品，在网站上面都会有很详细的展示，而且价格透明，支持线上交易，最大的一个特点就是种类繁多、应有尽有，而且厂家可以直接提供产品的图片，能省掉拍照的麻烦。线上渠道也存在着缺点，如果不是批量产品，单个线上交易，再加上运费，采购成本就会上升，没有什么价格优势。

二、线下渠道

　　分析完线上渠道后，小吴对线下渠道也进行了分析，通过实地考察小吴了解到一般大城市的批发市场是一级批发商，直接从厂家进货，而在不发达的中小城市的批发市场，有的是二级批发商，是从一级批发商那里进货的，价格的优势相对不是很大。

　　如果是从发达城市的一级批发商那里进货，价格会有优势，并且货源不用担心，同时还可享受特别优惠的批发价，和厂家进货的方式相比，这无疑大大降低了进货的门槛，减小了存货的风险，而其价格又不会比厂家直销价高多少，非常适合小吴这种小规模创业。

　　但小吴所在地区为不发达的小城市，如要在发达大城市的批发市场进货，就不得不考虑交通成本、物流成本的问题，并且其时间成本和金钱成本也是不可承受之重。在这种情况下，一般来说只有两个选择：一是在中小城市的批发市场进货；二就是前面所说的通过各种网上贸易网站进货，比如阿里巴巴、淘宝网等各种B2C或C2C网站。

厂家直接进货应该是最好的进货渠道，其最大的优势主要表现在价格方面，和其他进货渠道相比，其价格无疑是最具有杀伤力的。但这里面会存在下面一些矛盾：

1）如果进货量不大，那么大的厂家很有可能会置卖家利益于不顾，或抬高价格，或延迟交货，或滥竽充数，除非是小的、新的厂家。

2）如果进货量大，虽然可以保证厂家对卖家的优待，但会出现一些新的问题，比如增加存货风险和存货成本，占用大量流动资金等，而这些问题都是每一个卖家必须认真考虑的。不过如果卖家的资金充裕的话，建议还是直接到厂家大批量地进货，只要产品有竞争力，就不用担心销路问题。

3）既然是厂家，一般都地处郊区，交通条件不是很便利，这无形中增加了向厂家进货的交通成本，除非卖家所在的城市交通条件比较优越。与之相反的是批发市场，一般都是处于交通条件比较好的地方，不论是拿货还是发货都是比较方便的。

小吴通过以上分析结合自己的产品及初创资金，最终确定他的进货渠道为自己所在城市的批发市场。

举一反三

根据上述学习内容，请读者完成表5-3中三种产品的进货渠道分析，包括产品特点、影响该产品销售的主要因素、选择进货渠道并说明原因。

表5-3　不同产品进货渠道对比表

序号	产品	产品特点	影响该产品销售的主要因素	进货渠道	选择该渠道的原因
1	坚果				
2	毛绒玩具				
3	童装				

任务3　消费者分析

任务描述

小吴在确定货源后需要对目标营销用户进行分析，分析之前小吴需要了解目标消费者分析内容及方法，其次是根据所学内容完成自己目标消费者的分析。

任务实施

第一步：目标消费者分析的目的

小吴清楚营销的根本目的是让消费者发生尽可能多的连续购买行为。只有更多、更频繁地购买，才能让高品质的产品（服务）得到消费者的青睐。而进行消费者分析，是实现这一行为的前提条件，只有知道消费者需要什么，小吴才能有针对性地销售和引导，才能为消费者提供他们需要的产品，创立的品牌才能获得认可。

扫
一
扫

查看消费者分析。

第二步：目标消费者人群分析

确立目标消费人群就是解决把商品卖给谁的问题。目标消费者可分为多种，按照年龄可分为老年人、中青年、儿童、婴儿等，而无论具有何种身份、地位的消费者都包括在这些范围之内。小吴在目标市场定位中将消费群初步定位为追求健康生活品质并具有网购经验的公司白领、企事业单位员工，在这里小吴将通过具体数据更进一步地分析红茶目标消费人群的特征，具体分析如下。

滇红茶属于红茶这一类目下的细分品类，小吴将产品的消费人群锁定到所有的红茶消费人群，小吴通过登录百度指数页面查看红茶的人物肖像（http://t.cn/RKXR0RG）。

根据图5-9百度指数的搜索数据显示，20～29岁之间的消费者占总搜索人数的28%，30～39岁之间的消费者占47%，40～49岁之间的消费者占16%。性别以男性居多，占总搜索人数的66%。

图5-9 百度指数红茶搜索人群属性

表5-4显示，百度指数红茶搜索人群主要集中在几个重点的省市，而云南本地只排在17位，所以小吴在做后期营销时应注重前五个地区消费人群，尤其是北京、上海、深圳、广州等城市。根据互联网搜索到的相关内容，小吴得知这几个城市的上班族平均工资都在4800～7000元之间（http://t.cn/RKXgcNH），确保主要目标消费人群的消费能力。小吴依据以上数据及通过对行业从业者的多方走访调查，综合分析购买茶的目标消费人群具有以下特点：

1）年龄：20～39岁之间。

2）性别：男性居多。

3）职业：公司白领、企事业单位员工。

4）文化程度：高等文化水平为主，大专以上居多。

5）收入：4800～7000元之间。

6）产品主要用途：提神醒脑，缓解工作压力。

7）他们的共同点是经济独立自主，自信，具有较高的生活品位，能够较快接受新鲜事物，张扬而不乏内敛，活在成功的边沿，潮流不失稳重，为紧张、快节奏的生活释放一些压力，活出生活的精彩。

表5-4　百度红茶搜索指数排名

序号	区域分布	搜索指数
1	广东省	
2	北京市	
3	浙江省	
4	上海市	
5	江苏省	
6	山东省	
⋮	⋮	⋮
17	云南省	

举一反三

根据上述学习内容，读者尝试进行某款产品的目标消费人群分析，包括产品市场需求、目标消费群确定及目标消费群特点分析，并完成表5-5。

表5-5　消费者分析表

产品名称	市场需求	目标消费群	目标消费群特点

项目总结

　　本项目的核心内容分为两部分：一是货源渠道的分析方法；二是消费者分析的方法。通过本项目的学习读者，应能够在创业之初根据产品完成进货渠道的分析，总结不同渠道的优缺点，能够根据创业者的实际情况确定最终进货渠道。掌握如何确定目标人群，并对目标人群进行基本信息及网购行为的分析，包括目标消费者的年龄、职业、上网习惯、网购习惯等，为后续策划有针对性的营销策略找到依据。

项目六　商品拍摄与美化

本项目将从电商创业角度解析微网店平台如何进行商品拍摄与美化的实施，包括完成摄影前准备、商品拍摄，利用图片美化工具选择恰当的处理技巧完成对商品图的优化等。通过本项目的学习让读者能更好地掌握微网店平台中商品拍摄与美化的方法与技巧，培养读者在微网店创业运营中的视觉营销思维。

了解微网店平台商品拍摄与美化的实施要点，明确商品拍摄的方法与技巧、商品图美化处理的方法与技巧，为微网店平台的运营奠定视觉营销的方向与基础。

任务1　微网店商品拍摄

任务描述

商品拍摄与美化是将网上创业平台的商品通过图片展现商品的形状、结构、性能、色彩和用途等特点，激发顾客购买欲望的一种手段。在电商创业平台迅猛发展的当下，商品拍摄与美化已经成为网店运营的重要一环。小吴在明确了一系列创业前期的事宜后，他选择在网上创业平台开设一家专营云南特产的微网店，那他该如何运用相关知识完成微网店产品发布前的准备工作呢？

任务实施

第一步：完成拍摄准备

为了将商品的真实性准确地传达给买家，小吴决定通过实体拍摄来获取上架商品的图片。在进行拍摄前，小吴需要明确商品拍摄的总体要求，并选择合适的器材，完成拍摄前准备。

一、明确微网店图片的拍摄要求

商品拍摄的总体要求是将商品的形、质、色充分展现出来，而不夸张。形指的是商品的形态、造型特征以及画面的构图形式。质指的是商品的质地、质量、质感。小吴的店铺以茶叶、蜂蜜、咖啡等云南特产为主，相比其他品类的商品，此类商品的拍摄更为讲究，尤其是茶叶品类的商品拍摄对质的要求非常严格。图片体现质的影纹层次必须清晰、细腻、逼真，尤其是细微处，以及高光和阴影部分，对质的表现要求更为严格。针对这个要求，小吴认为可以通过恰到好处的布光角度，外加恰如其分的光比反差，来更好地完成对质的表现。不但如此，商品拍摄还要注意色彩的统一。小吴通过浏览微网店创业平台上优秀商品图的作品，了解到色与色之间应该是互相烘托而不是对抗，在色彩的处理上应力求"简、精、纯"，避免"繁、杂、乱"，如图6-1所示。

图6-1　案例赏析

二、器材选择

1）小吴明确拍摄要求后，开始对器材进行选择。既然是微网店商品拍摄，小吴认为选择一款适合静物拍摄的相机是有必要的，具有微距功能可以优先考虑。但小吴同时也考虑到对于刚刚接触数码相机的自己而言，创业阶段费用负担不能过大，时间成本不应过高，因此入门级数码单反相机是现阶段的最佳选择，如图6-2所示。

图6-2　入门级数码相机

这类相机功能设置方便快捷，加上可更换专业镜头，功能实用，摄影所需功能几乎都具备，像素也不亚于专业数码单反相机，可称得上物美价廉。

> **知识链接** 》》
>
> 数码相机主要有以下几个类型：
> （1）卡片相机　便携，价格较低，基本能满足日常需要。
> （2）单反相机　成像优秀，可以更换镜头，专业摄影的首选。
> （3）微单相机　可更换镜头，画质优秀。

2）为避免相机晃动，保证影像的清晰度，需要使用三脚架来固定相机，如图6-3所示。

3）摄影灯具是室内拍摄的主要工具，其款式与功能多种多样，如图6-4所示。小吴在进行灯具选择时，首先考虑到的就是茶叶在灯光下质感的呈现问题。一般来说，茶叶在暖色调的灯光下会改变原来的色泽，拍摄出的效果容易出现色差，而在白色光源下拍摄的茶叶能更清晰地显示原有的色泽。在众多灯具中以白色光源为最好，因此为了保证茶叶的色泽真实度，小吴选择了30W

以上三基色白光节能灯作为室内拍摄的灯具。

图6-3　三脚架

图6-4　摄影灯具

4）商品拍摄台是摄影棚中另一个主要的设备，它主要是用来拍摄小型静物商品的，使商品可以展示出最佳的拍摄角度和最佳的外观效果。标准的商品拍摄台相当于一张没有桌面的桌子，在其上覆盖了半透明的，用于扩散光线的大型塑料板，以便于布光照明，消除被摄物体的投影。其桌面的高度能够按照要求进行调节。放置塑料板的支架角度也可以在一定范围内转动和紧固，以适合不同的拍摄需要，除此之外，若考虑到成本问题，拍摄台也可以因陋就简，灵活运用。办公桌、家庭用的茶几、方桌、椅子和大一些的纸箱，甚至光滑平整的地面均可以当作拍摄台使用，如图6-5所示。

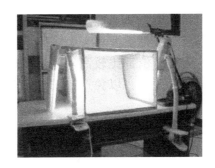

图6-5　商品摄影台与简易商品摄影台

5）拍摄的背景材料一般可以选择在照相器材店购买正规的背景纸、布。如服装平铺拍摄就会选择不容易皱的地毯式背景布，在这种背景材料下拍服装平铺照片可以得到更好的效果，或者可以选择到文具商店，选购全开的白卡纸来解决没有背景的问题。在对背景材料进行了解后，小吴购买了一些质地不同（纯毛、化纤、丝绸）的布料来做背景，以此来丰富商品图拍摄的画面感。

> **知识加油站 »**
>
> 商品拍摄不同于其他广告类拍摄。商品拍摄时通过反映商品的形状、结构、性能、色彩和用途等特点，从而激发顾客的购买欲望。因此在拍摄时，拍摄者对于拍摄环境的控制，目的也是在于实事求是地突出商品的特点，突出商品的优点。

三、布光方法的选择

器材选定后，小吴需要进一步了解正规的布光方法，根据自己的产品选择合适的布光。他通过常见的光线使用及明暗的操作对比发现拍摄布光应该注重使用光线的先后顺序，首先要重点把握的是主光的运用，见表6-1、表6-2。

表6-1 常见的光线使用操作对比

类型	特点与使用方法
室内自然光	室内自然光是由户外自然光通过门窗等射入室内的光线，方向明显，极易造成物体受光部分、阴暗部分的明暗对比，既不利于追求物品的质感，也很难完成其色彩的表现。对于拍摄者来讲，运用光线的自由程度会受到限制
人工光源	人工光源主要是指各种灯具发出的光。这种光源是商品拍摄中使用非常多的一种光源。它的发光强度稳定，光源的位置和灯光的照射角度，可以根据自己的需要进行调节。如何使用人工光源进行拍摄，要根据拍摄对象的具体条件和拍摄者对于表现方面的要求决定。灯光是以点状光源或是柔光棚光源及反射光线等形式对商品发挥作用。在许多情况下，拍摄对象的表面结构决定着光源的使用方式

表6-2 常见的光线明暗操作对比

光线明暗操作	效果对比
侧光	能很好地显示拍摄对象的形态和立体感
侧逆光	能够强化商品的质感表现
角度较低的逆光	能够显示出透明商品的透明感
角度较高的逆光	可用于拍摄商品的轮廓形态

主光是所有光线中占主导地位的光线，是塑造拍摄主体的主要光线。当主光作用在主体位置上后，其灯位就不再轻易移动。然后利用辅助光，调整画面上由于主体的作用而形成的反差，因此拍摄时要适当掌握主光与辅助光之间的光比情况。辅助光的位置，一般都安排在相机附近，灯光的照射角度应适当高一些，目的是降低拍摄对象的投影，不致影响到背景的效果。辅助光确定以后，根据需要再来考虑轮廓光的使用。轮廓光的位置，一般都是在商品的左后侧或右后侧，而且灯位都比较高。使用轮廓光的时候，要注意是否有部分光线射到镜头表面，一经发现要及时处理，以免产生眩光。其后再按照拍摄需要，考虑不同的布光角度，如图6-6所示。

 扫一扫　查看常见的五种拍摄构图方式。

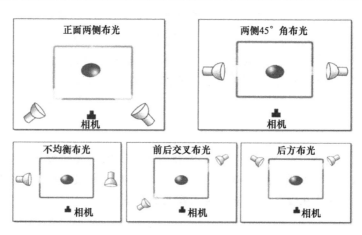

图6-6 不同的布光角度

第二步：实施拍摄

在完成了拍摄准备后，小吴下一步需要根据商品的特点选择合适的拍摄手段实施拍摄。以茶叶为例，经过加工的茶叶的外表多为粗糙的质地，在拍摄茶叶时最重要的还是要尽可能地靠近被摄体，这就是小吴选取具有微距功能相机的主要原因。如果全景拍摄摆放在桌子上的茶叶，会不容易看出所拍摄的到底是什么物质。所以在实际拍摄的时候应尽量使茶叶充满画面，让茶叶细小的表面也清晰地呈现在画面中。为了更好地表现茶叶的颗粒质感，小吴选用柔光来拍摄，柔光能够充分展现物体的细节，如图6-7所示。

图6-7　茶叶拍摄效果图

小吴通过学习茶叶拍摄的技巧了解到，对于颜色较深的茶叶说，如果构图的时候让其充满画面，就需要对曝光补偿进行相应的调整。根据"白加黑"的原理，相机在进行测光时会选择将画面中的拍摄内容拍为中灰效果，以确保所有细节都有所保留。但是在实际生活中并不是所用的东西都是中灰色，所以在拍摄白色主体的时候需要适度增加曝光，而在拍摄黑色主体时则需要尽量减少曝光，从而使画面的内容真实可信。为了得到正确的曝光效果，在进行拍摄时需要对曝光进行相应的减小，而且减小曝光补偿还可以更好地突出粗糙的质感。同理，这种拍摄方法也适用于其他表面质感相对粗糙的产品，如全麦面包、咖啡豆等。

扫一扫　查看产品的拍摄与设计。

拍摄完成后，小吴根据拍摄感受归纳出拍摄时需要注意的问题，主要有以下四点：

1）构图过大容易造成视觉模糊，让客户无法看清产品的本质。

2）把镜头推近可以清晰地表现出茶叶的颗粒感。

3）在室内光线下或者灯光下拍摄，如果要准确反映茶叶或者茶汤的色彩，应该使用"自定义"白平衡功能，不应该使用自动档。

4）在拍摄较大面积深色茶叶的时候，要注意准确地掌握其曝光，因为茶叶面积大，光线的明暗反差会比较大。

举一反三

根据上述学习内容，读者选择某一种商品进行商品拍摄规划，包括商品拍摄前准备、布光方法选择等，具体完成表6-3。

表6-3　商品图拍摄规划表

选择的产品	
器材准备	
布光方法	
拍摄方法与技巧	

学习归纳

通过本任务的学习和实训，读者应熟悉微网店商品拍摄准备工作内容：明确微网店图片的拍摄要求、合适的器材和布光，熟练掌握器材和布光的选择方法，能够完成商品拍摄准备工作并拍摄出符合要求的商品图片。

任务 2 微网店商品的美化处理

任务描述

在完成了商品图片的拍摄后，小吴将相机中的成片导入计算机后发现，在客观有限的条件下拍摄的成片均有大小不一的瑕疵，面对这些瑕疵，小吴决定通过相关的美化处理工具对图片进行优化，并将优化后的图片进行二次"加工"，使其更贴合微网店商品图的应用要求。

任务实施

在开始实施商品图的美化处理前，小吴分别对常见的图片美化工具Photoshop与Coreldraw进行了具体的了解。

第一步：Photoshop的基本认知

小吴通过百度搜索关键词"Photoshop"，了解到Photoshop，简称"Ps"（见图6-8），是由Adobe Systems开发和发行的图像处理软件。从功能上看，该软件可分为图像编辑、图像合成、校色调色及功能色效制作部分等。图像编辑是图像处理的基础，可以对图像做各种变换如放大、缩小、旋转、倾斜、镜像、透视等；也可进行复制、去除斑点、修补、修饰图像的残损等。

图6-8　Photoshop标识

一、Photoshop界面构成

在了解Photoshop的概念后，接着小吴完成了Photoshop软件的下载并从界面入手完成进一步的认知，如图6-9所示。

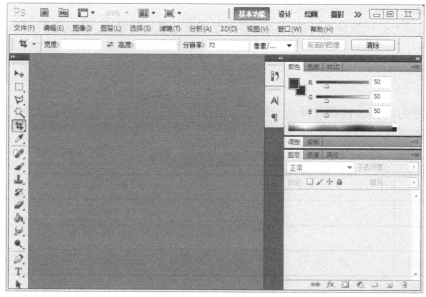

图6-9　Photoshop界面

从Photoshop的界面图中，小吴可以看到，Photoshop的界面主要由以下几部分组成。

（1）菜单栏　将Photoshop所有的操作分为九类，共九项菜单，如编辑、图像、图层、滤镜，如图6-10所示。

Ps 文件(F) 编辑(E) 图像(I) 图层(L) 文字(Y) 选择(S) 滤镜(T) 视图(V) 窗口(W) 帮助(H)

图6-10　Photoshop菜单栏

（2）工具选项栏与工具箱　使用的工具不同，工具选项栏上的设置项也不同，如果工具下有三角标记，说明该工具下还有其他类似的命令。当选择使用某工具时，工具选项栏则会列出该工具的选项，如图6-11所示。

图6-11　工具选项栏与工具箱

（3）属性栏　属性栏位于菜单栏的下面，用于对当前所选工具进行参数设置，大部分工具都有自己的工具属性栏，它会根据当前所选工具而显示相应的控制按钮和选项，如图6-12所示。

图6-12　属性栏

（4）状态栏　状态栏包含四个部分，分别为：图像显示比例、文件大小、浮动菜单按钮、工具提示栏，如图6-13所示。

（5）浮动调板与调板窗　窗口菜单中可显示各种调板。双击调板标题使之最小化或还原，拖动调板标签进行分离或置入调板，单击调板右边三角进入调板菜单复位调板位置，如图6-14所示。

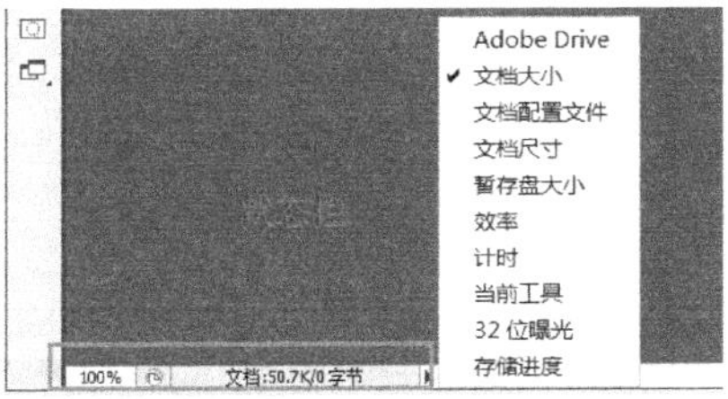

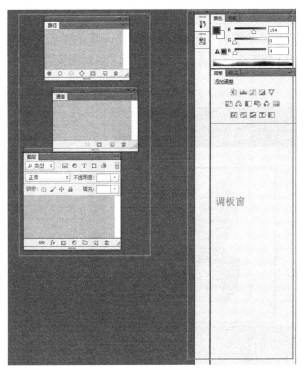

图6-13　状态栏　　　　　　　　　　图6-14　浮动调板与调板窗

二、Photoshop常用工具介绍

在完成Photoshop的界面构成了解后，小吴接下来对Photoshop常用工具进行了具体操作。为了辨别工具间的差异，他对Photoshop的常用工具进行了属性归类，如图6-15所示。

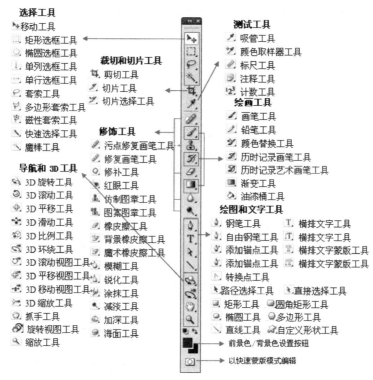

图6-15　Photoshop常用工具

通过工具属性归类，小吴整理出了Photoshop常用工具的具体使用方法，如下：

（1）移动工具　可以对Photoshop里的图层进行移动，如图6-16所示。

（2）矩形选择工具　可以使用此工具对图像进行范围选择，一般图像较为规则，如图6-17所示。

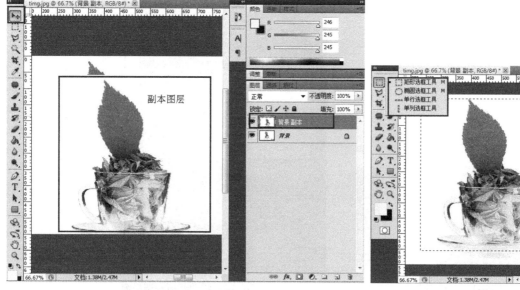

图6-16　移动工具应用　　　　　　　　　图6-17　矩形选择工具应用

（3）裁剪工具　可以对图像进行剪裁，进行剪裁选择后一般出现8个节点框，用户用鼠标单击并按住节点可进行缩放，用鼠标对着框外可以对选择框进行旋转，用鼠标对着选择框双击或按<回车>键即可以结束裁剪，如图6-18所示。

（4）套索工具　可任意按住鼠标不放并拖动选择一个不规则的选择范围，一般对于一些要求不高的选择可用，如图6-19所示。

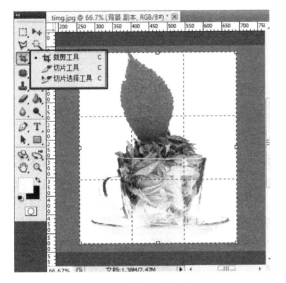

图6-18　裁剪工具应用

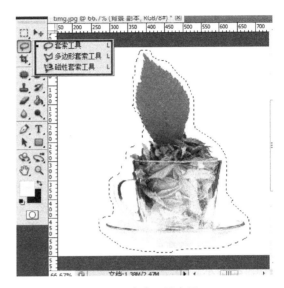

图6-19　套索工具应用

（5）魔棒工具　用鼠标点击图层中颜色相近的区域，在屏幕左上角上容差值处调整容差度，数值越大，表示魔棒所选择的颜色差别越大，反之，颜色差别越小，如图6-20所示。

（6）画笔工具　如图6-21所示，画笔工具中有多重模式，根据需求进行选择，可在右边的色板中取色，与喷枪工具的作用基本相同，也是用来对图像进行上色，只不过笔头的蒙边比喷枪稍少一些。

图6-20　魔棒工具应用

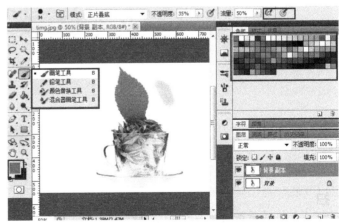

图6-21　画笔工具应用

（7）仿制图章工具　多数用来对图像进行修复，亦可以理解为局部复制。在左上方选择画笔大小及硬度，按住<Alt>键，用鼠标在图像中需要复制或需要修复取样处单击左键，就可以在图像中仿制图像，如图6-22所示。

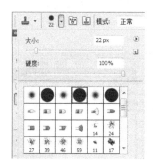
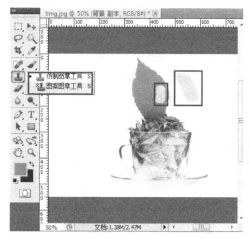

图6-22　仿制图章工具应用

（8）钢笔路径工具　亦称为勾边工具，主要是画出图像路径，首先注意的是落笔必须在像素锯齿下方，即在像素锯齿下方单击定点，移动鼠标到另一落点处单击鼠标左键，如果要勾出一条弧线，则落点时就要按住鼠标左键不放，再拖动鼠标。每定一点都会出现一个节点加以控制以便后期修改，而用鼠标拖出一条弧线后，节点两边会各自出现一个控制柄，还可按住<Ctrl>键对各控制柄进行调整弧度，按住<Alt>键则可以消除节点后面的控制柄，避免影响后面的勾边工作，如图6-23所示。

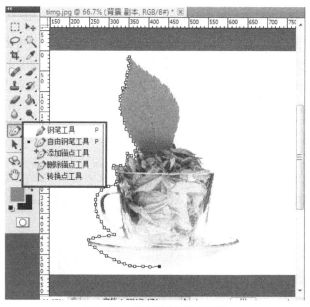

图6-23　钢笔路径工具应用

扫一扫

查看微店商品的美化处理。

第二步：明确微网店平台的图片要求

在选择了合适的美化工具后，小吴需要进一步明确微网店平台的图片要求。小吴对有赞微小店、萌店、微店与网上创业平台的图片要求进行对比，归纳得出各平台的图片尺寸要求，见表6-4。

表6-4 微网店平台的图片要求

平台名称	店铺封面尺寸与要求	店招图尺寸与要求	主图尺寸与要求	导航图尺寸与要求	广告图尺寸与要求
有赞微小店	—	—	商品图统一尺寸为640px×640px	图片导航必须固定添加4张图片，每张图片尺寸建议为160px×160px	广告图片根据显示方式制定图片尺寸：1）折叠轮播式，宽度640px，高度不限 2）分开显示，大图宽度580px，小图宽度320px，高度不限
微店	图片要求设计清晰简单，切忌拼图，标准尺寸为720px×1280px	图片一定要清晰无拼图，文字字体与封面字体一致，标准尺寸为640px×330px	商品主图无水印，背景清晰简洁、无拼接，风格统一，尺寸建议为580px×580px及以上正方形	图片导航要求无水印，整洁无拼接，背景风格统一。尺寸建议为580px×580px及以上正方形，导航名称要求5字以内	1）大图广告：图片比例不做限制 2）轮播广告：图片比例为4:3 3）两列广告：图片比例为4:3
萌店	封面的尺寸会随着手机屏幕的大小等比缩放，建议尺寸为750px×1334px。	店招的尺寸会随着手机屏幕的大小等比缩放，建议宽750px，高不定	建议尺寸为640px×320px	—	—
网上创业平台	—	店招图片尺寸可以设置为2:1或者8:5，格式为JPG或PNG	—	—	根据不同的广告图性质进行尺寸区分：1）活动专区图片尺寸：左：255px×382px 右上：333px×168px 右下：333px×199px 2）新品热卖图片尺寸：598px×374px

第三步：处理商品图片

一、商品图常规处理

经过上面一系列的了解学习后，小吴认识到商品图片的后期处理是为了更好地突出产品的卖点和特点，因此他根据自身对商品图的美化实施认知，开始了商品图片的处理操作。小吴从已拍摄好的图片中挑选出了三张存在普遍问题的图片，分别为需要进行背景抠除、图片明暗度调整、污渍修复的图片，如图6-24所示。

图6-24 图片常见问题

通过对图片问题分析后，小吴决定针对不同的修正需求运用恰当的Photoshop工具对图片进行处理修正。

（一）抠图

小吴打开在Photoshop中需要抠除白底的图片，并复制一次图层（按<Ctrl+J>键），如图6-25所示。

不同的素材可以使用不同的抠图方法，如在面对主体与背景颜色差值较大的图片时，一般可使用通道、选区、钢笔、画笔等工具进行抠图。小吴在拍摄时，考虑到了后期抠图的效率，因此他拍摄商品的背景均选择了纯白色，这类背景纯粹的图片一般使用魔法棒、快选工具即可完成抠图。小吴单击使用"魔棒工具"抠图，如图6-26、图6-27所示。

图6-25　复制图层　　　　　　　　　　　　图6-26　选择魔棒工具

图6-27　执行魔棒工具

　　小吴使用魔棒工具把主体或背景选取出来，然后在属性栏中的调整边缘选项中设置相关的参数，优化主体边缘，最后保存为PNG格式。这样小吴就得到了边缘较为自然的主体，如图6-28、图6-29所示。

图6-28　抠除背景

图6-29　抠图前后对比

（二）修正图片明暗度

在商品拍摄中由于光的不可控性，很容易导致拍摄出来的图片出现亮度不够或是色彩不够亮丽的问题，这些问题在一定程度上不但会削弱顾客的视觉体验，也会弱化商品的卖点。因此完成了抠图操作后，小吴将对图片明暗度问题进行处理。小吴打开需要调整的图片，选择"图像"菜单下的"调整""曲线"按钮，如图6-30所示。

在弹出的对话框中拖拽曲线，向上箭头方向拖拽可使图片更亮，向下箭头方向拖拽图片会调暗，具体的数值应根据图片的实际情况来做出调整，调整合适后单击"确定"按钮，如图6-31所示。

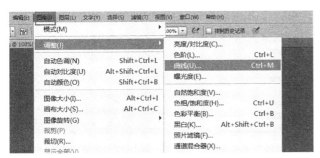

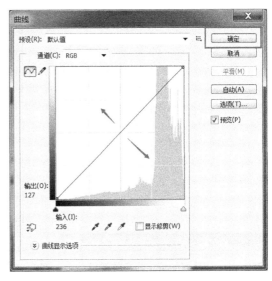

图6-30　曲线工具　　　　　　　　　　　　　　图6-31　调整明暗度

小吴发现，在拍摄玻璃制品时，因为拍摄光线的原因，拍摄出的图片偏暗，经过光线调整后也不能体现玻璃制品晶莹剔透的感觉。因此，小吴认为需要进一步运用"色阶"工具调整图片的明暗度。

小吴接着继续打开刚才的图片，复制图层，将图层的混合模式更改为"滤色"，以此来提升照片的亮度，改善画面的曝光度，为了尽可能保留茶杯的外观细节，还可以使用"不透明度"控制亮度的高低，如图6-32所示。

创建"曝光度"调整图层，通过调整"属性"面板中的参数来提升画面明暗的对比度，这里将位移数值调整至0.0165、灰度系数校正为0.62，以此增强玻璃的通透感，如图6-33、图6-34所示。

图6-32 滤色设置　　图6-33 创建新的填充或调整图层　　图6-34 调整曝光度

创建"曲线"调整图层，如图6-35～图6-37所示，选择"预设"下拉菜单中的"强对比度"选项，此时曲线会自动变为"S"形状。小吴在执行操作后观察到此时茶杯的层次感更强，并拥有较强的立体感和透明感，如图6-38所示。

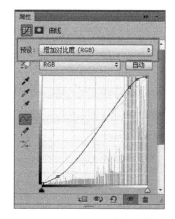

图6-35 创建新的填充或调整图层　　图6-36 创建"曲线"调整图层　　图6-37 设置"强对比度"

图6-38 调整前（左图）调整后（右图）对比

（三）污迹修复

在实现图片修复时，小吴选中Photoshop工具栏 "修复工具"中的"污点修复画笔工具"，在顶部属性栏设置污点修复画笔属性，如图6-39、图6-40所示。

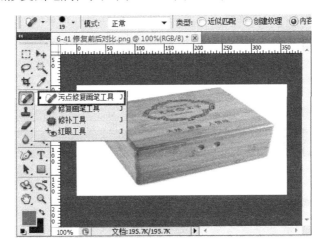

图6-39　选择污点修复画笔工具

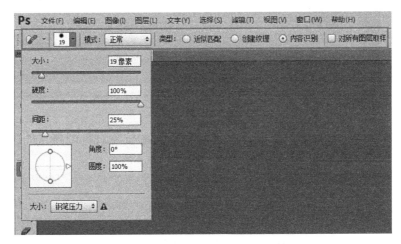

图6-40　设置污点修复画笔属性

在画笔属性选项中，小吴设置画笔类型为"内容识别"。画笔被设置为"内容识别"后，污点修复画笔工具会根据污点周围的图像自动无缝填充污点，并且可根据污点大小，调整画笔大小和硬度，这对于修复小瑕疵来说，操作简单，效果明显。小吴将光标移动到需要修复的污点上，单击鼠标左键，污点可以自动消除，但污点修复是耗时的精细工作，需要耐心慢慢操作，才能得到理想的图片修复效果，如图6-41所示。

图6-41　修复前后对比

二、商品图创意设计

完成商品图的常规处理后，为了让商品图看起来更具吸引力，小吴决定在图片修正后的基础上进行创意设计，进一步优化商品图的呈现效果。

为了更贴合商品的属性，小吴选择了一张与茶产品相呼应的背景图，并在Photoshop中打开图片，如图6-42所示。

图6-42　打开背景图

依次置入图片素材，根据客户的视觉关注点对素材的位置进行调整，如图6-43、图6-44所示。

图6-43　置入素材

图6-44　完成素材位置调整

　　调整完成后，小吴发现想要突出视觉效果，还需要对素材进行细节的优化，选择茶汤素材，为其添加倒影效果，增加素材的真实性。单击"复制图层"，对复制的图层右键选择"垂直翻转"，翻转成功后，在右边的设置栏中，将图层属性设置为"正片叠底"并设置透明度，如图6-45～图6-47所示。

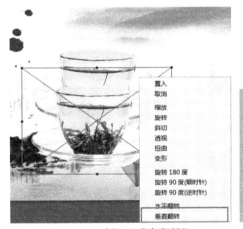

图6-45　复制图层　　　　　　图6-46　选择"垂直翻转"　　　　　　图6-47　设置"正片叠底"

　　完成设置后，为了让倒影看起来更加符合倒影的常理，小吴单击右键选择"变形"，对倒影进行变形处理，如图6-48、图6-49所示。

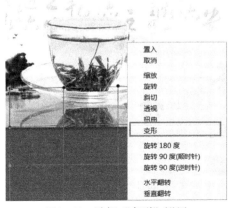

图6-48　选择"变形"设置

图6-49 完成"变形"设置

处理完素材后，小吴单击文字工具，考虑到茶叶的商品属性与毛笔样式的文字格式更匹配，在输入文字后，小吴将文字样式设置为"华文行楷"，如图6-50所示。

图6-50 输入文字并设置

最后，小吴以置入茶叶素材的方式与文字组合，以增强文字的视觉冲击力，完成后保存为JPG格式，如图6-51所示。

图6-51 置入茶叶元素

最终效果，如图6-52所示。

图6-52 成果展示

举一反三

根据上述学习内容，读者对茶杯类商品进行拍摄与美化处理，并完成商品图的创意设计与制作，完成表6-5。

表6-5 茶杯类商品拍摄与后期处理规划表

摄影规划	后期处理分析	创意设计要点

通过本项目的学习，读者应对微网店商品拍摄与美化建立一个系统的认知。商品拍摄部分为本项目的重点，需要读者了解拍摄准备的一般流程，并能掌握日常的拍摄方法与技巧。网店商品美化为微网店创业的核心内容，也是本项目的难点，读者需从视觉营销的角度去理解并掌握视觉营销需求下图片处理与美化的方法与技巧。另外，通过本项目的学习，读者的分析问题能力、审美能力和应用能力等都会有所提高，同时也有助于锻炼和培养后续创业运营中的必备技能和营销思维。

项目七　微网店开设

项目简介

　　一个漂亮的微网店会提高顾客驻留时间和购买欲，但对于新手或者创业者来说，微网店开通和装修有一定的难度，那该如何入手呢？本项目将带领读者开通并装修微网店，分两个部分讲述打造一个小而美店铺的装修逻辑和思路，主要介绍微网店开通和装修的意义、工作内容、步骤和方法等，开启微网店创业的另一段征途。

项目目标

　　通过本项目的学习和实践，读者应能够了解微网店店标、店招、首页、分类页和详情页装修对微网店的意义，掌握微网店命名原则，以及微网店店招、首页、详情页的设计技巧，掌握微网店开通的步骤，能够设计店标、首页模块、Banner图片、分类页、详情页等，能够独立完成微网店基础装修工作。

任务1　微网店开通

任务描述

　　前期，小吴已经选择了网上创业平台开展微网店创业，现在将在网上创业平台开通自己的微网店。小吴将微网店开通工作分为前期准备和开通设置两部分，微网店开通前期准备工作包括微网店命名、店标设计等。

任务实施

第一步：微网店开通前期准备

一、微网店命名

　　在给微网店命名之前需要清楚自己所开微网店所属的行业与微网店的定位，然后结合行业、店铺特色，挑选冷门的关键字为微网店取一个个性、好听的名字。

　　小吴所选产品均来自于云南本土，结合地方特色，确定微网店名称前半部分为"七彩"；微网店面对的消费者为20～30岁之间的年轻人群，名称中应体现出时尚感，所以名称后半部分为"尚购"，最终确定微网店名称为"七彩尚购"。

> **知识链接**
>
> 微网店命名原则：简、准、独、新、高、亮。

（1）简　简是指名字单纯、简洁明了，容易和消费者进行信息交流，而且名字越短就越可以引起公众的遐想，含义更丰富。

（2）准　准是店铺名称要和店铺的市场定位、主营商品、服务宗旨、经营目标等相和谐，以有助于店铺形象的塑造。

（3）独　独是指名称应具备独特的个性，力戒雷同，避免与其他店铺混淆。

（4）新　新是指名称要有新鲜感，赶上时代潮流，创造新概念。

（5）高　高是指名称要有气魄、起点高，具备冲击力和浓厚的感情色彩。

（6）亮　亮是指名称要响亮、容易上口，难发音和音韵不好的字都不适合做名称。

二、微网店店标设计

微网店店标承载着微网店的无形资产，是微网店综合信息传递的媒介。在形象传递的过程中是运用最广泛、出现频率最高的，同时也是最关键的元素。

微网店的定位、经营模式、产品类别和服务特点都涵盖于店标中，通过不断地刺激和反复刻画，深深地留在受众心中。

店标的设计过程就是抽象概括的过程。店标的原型来源归纳起来有四个方面，即自然图像、文字、几何图形和前几个的组合，如图7-1所示。选择自然图像、文字、几何图形作为原型，其实各有利弊。自然图像让人记忆深刻，文字容易传播（尤其适用于网络搜索），几何图形应用范围广泛。

自然图像　　　文字　　　几何图形　　　组合

图7-1　店标的原型来源

知识链接》　　　　**设计微网店店标的策略步骤**

两个步骤、六个维度，可以形成设计微网店店标的策略步骤。

步骤一：战略定义。

1）明确微网店策略，是侧重品牌、侧重销售还是侧重咨询？

2）明确品类定位，属于哪个大品类、子品类？特点如何？

3）明确风格定位，品牌/产品的特点、风格和理念是什么？

步骤二：策略定义。

1）元素取舍：中英名字、图形、吉祥物、广告语。

2）字体选择：确定中英文字体。

3）色调选择：饱和度、明度、色相；色彩情感。

步骤二的策略定义完全依据步骤一的战略定义。

（一）收集制作店标所需素材

小吴根据微网店的定位、经营的品类，收集所需要的标识素材，图片格式为GIF、JPG和PNG。

（二）利用图片处理软件制作店标

小吴选择自己熟悉的Photoshop工具，设计制作微网店的店标，如图7-2所示。网上创业平台店标尺寸为200px×42px，格式为PNG。

图7-2　小吴设计的微网店店标

知识加油站》　　　　**店招设计**

有的微网店平台首页有一个店招模块，如图7-3所示，店招相当于传统商铺的"门头"。从功能上划分，店招可以分为品牌宣传为主、活动促销为主、产品推广为主等类型。

1. 店招尺寸

手机淘宝上店招（见图7-3）的文件格式有GIF、JPG、JPEG、PNG，大小10KB以内，尺寸为280px×50px。

微店店招图片尺寸可以设置为2:1或者8:5，格式为JPG或PNG。

2. 设计制作店招技巧

1）视觉重点不宜过多，有1~2个就可以，太多会给店招造成压力。

2）根据店铺现阶段的情况来分析，如果现阶段是做大促，可以着重突出促销信息，但是品牌性也不能忽略。

3）店招一定要凸显品牌的特性，让客户很容易就清楚网店是卖什么的，包括风格、品牌文化等。

4）颜色不要复杂，一定要保持整洁性，不要使用过多颜色，店铺本来需要表达的信息量就不大，不需要把店招做得太花哨，给客户造成视觉疲劳，很可能就会流失了客户的关注度，尽量只使用1~3种颜色，避免使用过于刺激的颜色。

|手机淘宝店铺|微店|

图7-3　店招

第二步：微网店开通设置

微网店开通前期准备工作已经完成，小吴开始进行微网店开通设置。

1）用PC端浏览器打开网上创业平台，如图7-4所示。使用事先注册好的账户名称、密码登录系统后台。

2）单击系统管理下方的"网站设置"，进入微网店设置页面，如图7-5所示。

3）单击"首页logo"后面的"上传"按钮，选择并上传前期设计的店标。

4）填写热门搜索词组和客服电话，在热门搜索栏填写店铺主营产品相关关键词，单击"保存信息"，完成微网店开通设置。

图7-4　网上创业平台登录页面

图7-5　微网店设置页面

扫
一
扫

查看有赞小店开店规则及流程。

举一反三

根据上述学习内容，完成以下任务。

1. 为自己的微网店命名、设计店标和店招。

表7-1　微网店开通前期准备

微网店名称			
店标原型来源		店标尺寸	
店招功能		店招尺寸	

2. 选择微网店平台：开通自己的微网店并进行相关设置。

任务2　微网店装修

任务描述

为了让微网店更加美观和个性，为客户留下强烈的第一印象，小吴接下来的工作就是装修。他分别从首页、分类页、商品详情页去设计和装修"七彩尚购"微网店。

任务实施

微网店的装修代表了整个店铺的产品定位、产品信息以及店铺想要传达给消费者的信息。一个装修优秀的微网店必须有自己独特的风格，能够让客户在浏览微网店商品的同时，加深客户对微网店的印象。微网店装修主要包含以下方面：首页设计、分类页设计、详情页设计等。

> **知识链接** 》》 微网店装修目的
>
> 1）引入流量、提升销售额。
> 2）让客户能便捷地找到需要的商品。
> 3）让客户对店内销售有一个清晰的了解。

第一步：微网店首页设计与装修

首页是微网店的门面，好的微网店首页可以激发粉丝浏览的兴趣，给粉丝带来良好的购物体验，最终实现高的转化率。

一、确定店铺风格调性

理清微网店定位和装修的独特风格是设计的第一步。这里需要考虑以下几个问题：微网店是卖什么类型的商品？适合怎样的风格，是可爱型、时尚型、温馨型还是其他类型？这一步想清楚了，接下来的设计就会有一个初步的思路。

小吴结合经营的商品和经验等因素，确定"七彩尚购"微网店的整体风格为简约型。由于主营商品为云南特产，所以确定装修主色调为绿色，辅色为黄色，强调色为红色。

> **知识链接** 》》 如何确定微网店风格
>
> 微网店风格的确定关系到店铺经营的走向，同时与销量息息相关。那么应该如何确定店铺风格呢？
>
> **1. 针对消费群体**
>
> 针对不同的消费群体有不同的主题模板，一般来说插画、桃心、花边等元素适合女装类店铺。
>
> **2. 整体风格一致**
>
> 从店标的设计到主页的风格再到商品页面，应采用同一色系，最好有同样的设计元素，让网店有整体感。

> **小技巧** 》》 微网店的配色不要超过三种
>
> 在进行装修时，良好的配色方案可以使微网店的视觉效果整洁清晰，反之就会显得杂乱不堪。装修微网店的配色原则是色彩最好不超过三种，一个主色调、一个辅色加上一个强调色。可以借用网店宣传海报设计中的配色原则，即7:5:2，三种颜色的占比按照这个比例设置，基本上可以保证主要内容的突出强调和整体的美观舒适。

二、设计首页模块

纯粹的商品堆砌，客户不能很快地找到想要的商品，小吴也不能主动去推荐好东西给客户。微网店装修让小吴有更多的主动权，将热销或引流的商品放到显眼的位置，引导用户购买，提高店主不在线时的下单率。

微网店首页以新品或爆款推荐为主，小吴设计的首页模块如图7-6所示。他的设计思路是：简单、直接、明了。简单直接地展示活动与产品专区；不需要烦琐的细节描述，不需要让消费者有太多的计算。

1）焦点Banner上可以是一些推荐新品、爆款的相关信息。

2）建立活动专区，尽可能多曝光商品，比如大促相关活动商品、新用户专享活动商品等。

3）展示合作品牌，向客户说明微网店商品来源，消除客户疑虑。

4）宝贝推荐模块——热销专区。

商品陈列模块第一区：重点展示新品。手机端用户对上新和爆款最感兴趣，在全年的每季活动中，季节性营销效果最好，季节性营销强调的是应季产品。

商品陈列模块第二区：以爆款为主。需要通过数据分析，将全店最受客户喜爱的产品放在首页。

商品陈列模块第三区：促销商品。促销商品吸引人的点在于它的价格，给客户一种"不买可惜"的感觉。当然，商品品质也是保证回头客与好评率的必要条件。

商品陈列模块第四区：特供商品。手机端的特供款是专门针对部分有黏性的消费者设定的，比如，为老会员或者经常关注店铺的会员推出的独有的产品，是具有独特设计风格或者价格劲爆的产品。

小吴决定在"七彩尚购"微网店宝贝推荐模块主要展示新品。

焦点Banner 750px×360px	
活动专区 255px×382px	333px×168px
	333px×199px
合作品牌	
热销专区 598px×374px	

图7-6　小吴设计的微网店首页模块

知识链接》　　　微网店装修七大原则

1）微店铺要能够做到极速打开。

2）信息一定要简洁、可快速传播。

3）设计主体和店铺风格相结合，首尾呼应。

4）保持常换常新。

5）快速读取信息，控制文字大小，以图片为主。

6）分类结构要明晰，模块划分要清晰。

7）色彩要鲜亮。

触类旁通》

1）有的微网店平台会提供许多设计师设计的装修模板，如图7-7所示，店主根据需要和预算可以购买使用。

2）无线淘宝店铺首页模块设计如图7-8所示。

图7-7　某微网店平台装修模板

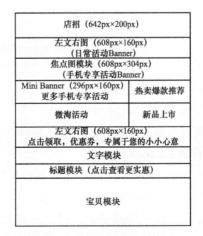

店招 (642px×200px)	
左文右图 (608px×160px)（日常活动Banner）	
焦点图模块 (608px×304px)（手机专享活动Banner）	
Mini Banner (296px×160px)更多手机专享活动	热卖爆款推荐
微淘活动	新品上市
左文右图 (608px×160px)点击领取，优惠券，专属于您的小小心意	
文字模块	
标题模块 (点击查看更实惠)	
宝贝模块	

图7-8　无线淘宝店铺首页模块

三、设计Banner图片

（一）焦点Banner设计

焦点Banner模块可以是微网店宣传海报、微网店活动信息，也可以是特定产品海报。微网店宣传海报要体现微网店风格及定位，内容多以品牌宣传为主；特定产品海报可以是爆品推荐，也可以是配合活动的单品推荐，要凸显核心内容为产品卖点或产品优惠力度。

扫一扫	扫一扫，查看微店装修技巧。

知识链接 》》

焦点图类型   焦点图版式（见图7-9）

1. 营销专题Banner   1. 左图右文
2. 品牌形象Banner   2. 左文右图
3. 专题活动Banner   3. 两边图中间字
4. 单品促销Banner   4. 多图
5. 搭配套餐Banner

模特图/产品图	Logo+Slogan 广告主题 利益点		Logo+Slogan 广告主题 利益点	模特图/产品图
	左图右文		左文右图	

模特图 产品图	Logo+Slogan 广告主题 利益点	模特图 产品图	模特图 产品图	模特图 产品图	模特图 产品图	模特图 产品图
	两边图中间字			Logo+Slogan 广告主题 利益点		
				多图		

图7-9　焦点图版式

1. 确定焦点Banner主题

为了吸引更多新客户，回馈老客户，"七彩尚购"在5月将举办促销活动，小吴确定焦点Banner模块主要推荐参加促销活动的几款单品。

2. 设计制作焦点Banner图片

设计焦点Banner图片时，需要注意整体风格应符合所表现的商品特性，专题活动主题要突出。小吴设计的Banner图片如图7-10所示。

手机屏幕较小，浏览信息受限，客户不会对一个页面做过多停留，更不会细细研读各种细节文案。焦点Banner图片的设计原则依旧是文字清晰、内容简洁、尽量阐述单一诉求。

焦点Banner图片尺寸为750px×360px，如图7-6所示。

图7-10　小吴设计的焦点Banner图片

知识链接》　　　　　促销图片设计要素

1）紧张气氛。

2）活动力度。

3）降低顾虑。

4）诱导因素。

5）行动按钮。

（二）活动专区、热销专区Mini Banner设计

Mini Banner可以作为分流入口设计，在分流入口的前提下，放爆款产品作为画面主题，目的是吸引客户点击进入承接页，达到让其看到图片就想点击进入查看该模块产品的效果。也可以像焦点图一样作为独立Banner出现。活动专区、热销专区Mini Banner如图7-11所示。

活动专区、热销专区Mini Banner图片尺寸详如图7-6所示。

图7-11　活动专区、热销专区Mini Banner

知识链接》　　　　　分类Mini Banner设计

微网店在商品种类非常多的情况下，可以在首页设计分类导航，如图7-12所示。

手机端的分类不一定是单纯的文字，可以以主推产品作为分类画面主体，这样可以快速引导客户点击进入商品分类的承接页，更多的展现是以图片为主的，不需要看文字来区别产品分类。

图7-12　首页分类导航

四、实施首页装修

"七彩尚购"微网店首页模块和Banner图片已经设计完成，接下来小吴在网上创业平台装修"七彩尚购"首页。

（一）上传焦点Banner图片

1）登录网上创业平台，单击"首页管理—图片切换"进入焦点Banner编辑模块，如图7-13所示。

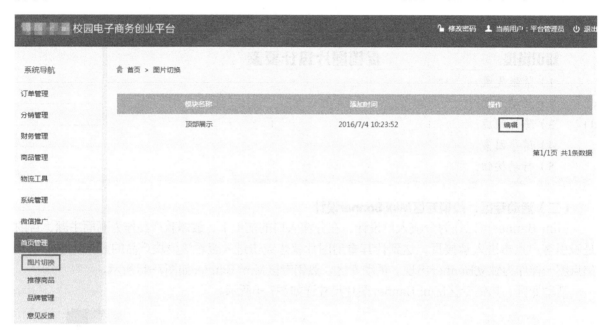

图7-13　焦点Banner编辑模块

2）单击右边的"编辑"按钮，进入创建页面，单击"创建"按钮，进入创建图片页面，如图7-14所示。

图7-14　创建图片

3）单击"上传"按钮，选择之前设计的Banner图片。

4）单击链接地址后方的"选择"按钮，进入选择商品页面，如图7-15所示。选择需要推荐的新品或爆款商品，单击"确定"按钮。

图7-15　选择商品

5）添加图片描述。完成之后单击"保存"按钮，如图7-16所示。

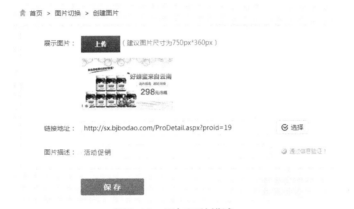

图7-16　添加图片描述

6）按照上述步骤添加其他Banner图片。

（二）创建活动专区和热销专区

1）单击"首页管理—推荐商品"进入推荐商品页面，如图7-17所示。

图7-17　推荐商品页面

2）单击左上方"创建"按钮进入编辑页面，如图7-18所示。

图7-18　创建推荐商品

3）单击"上传"按钮，选择前期设计的促销活动Banner图片。选择链接商品，推荐类别选择"活动专区"，如图7-19所示。

图7-19　创建活动专区

这里需要注意图片的尺寸与排序，255px×382px排序为"1"，333px×168px排序为"2"，333px×199px排序为"3"。依次创建活动专区的3个Banner图片信息。

4）单击"上传"按钮，选择前期设计的新品图片。选择链接商品，推荐类别选择为"新品热卖"，如图7-20所示。依次排序即可，完成之后单击"保存"按钮。然后按照前面描述的操作步骤创建热销专区其他商品信息。新品热卖区的图片尺寸为598px×374px。

最后进入微网店的首页，检查首页布局及信息，如果发现错误，及时在后台进行修改。

图7-20　创建热销专区

第二步：微网店分类页设计与装修

设计并制作微网店分类页，一方面可方便店主管理，另一方面便于客户选购商品。微网店分类的导航，在微网店分类页的左侧，用来显示商品的分类，图7-21所示为某微网店的分类页。

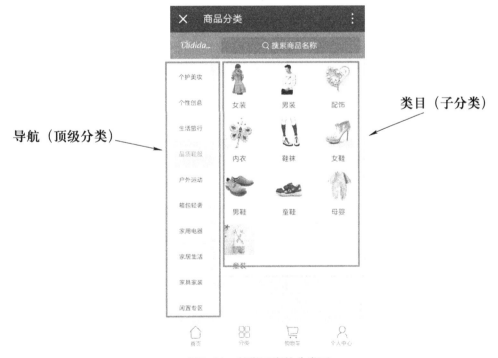

图7-21　某微网店的分类页

商品的分类有文字和图片两种链接方式，如图7-22所示。如果想快速吸引客户的目光，小吴就需将颜色和大小不能改变的文字链接改成图片链接。小吴首先要将商品归类整理出来，然后设计分类图标，最后在网上创业平台添加商品分类完成分类页的装修工作。

图7-22 图片和文字商品分类

一、整理商品分类

微网店商品可围绕商品包装、功效、特性等多种元素进行分类，具体根据什么进行分类还需根据店铺所有商品而定，同时还要将商品的类别达到精准化、精细化。

扫一扫　查看商品分类的概念、原则、方法。

"七彩尚购"微网店的主要经营商品有蜂蜜、茶叶、咖啡等。小吴按照商品的用途将商品进行了归类整理，见表7-2。

表7-2 "七彩尚购"微网店商品分类表

顶级分类（导航）	子分类	商品
食品饮料	蜂蜜	椴树蜜、优质枇杷花冬蜜、土蜂蜜
	咖啡	速溶黑咖啡、蓝山风味咖啡、美式挂耳咖啡、3合1速溶咖啡、咖啡奶沫、白砂糖
	茶叶	特级金芽、有机工夫红茶、特级滇红工夫红茶礼盒装、香滇特级红茶
	口香糖	炫迈口香糖
生活周边	生活用品	抽纸

知识加油站 »

　　商品分类就是根据一定的目的，为满足某种需要，选择适当的分类标志或特征，将商品集合体科学、系统地逐次划分为不同的大类、中类、小类、品类或类目、品种乃至规格、品级、花色等细目的过程。

操作贴士 >> **常用商品分类依据**

1）以商品的用途作为分类依据。如衣着、食品、日用品、文化用品、家用电器。日用品按用途进行分类，可分为器皿类、玩具类、化妆品类和洗涤用品类。

2）以商品的原材料作为分类依据。如纺织品按原材料进行分类，可分为棉织品、丝织品、麻织品、毛织品和化纤织品。

3）以商品的生产加工方法作为分类依据。

4）以商品的化学成分作为分类依据。如玻璃可分为钢化玻璃、耐高温的钾玻璃、防辐射的铅玻璃。

5）以商品的外观形态作为分类依据。如钢材可按照形状进行分类。

6）以商品的生产季节作为分类依据。

7）以商品的产地作为分类依据。

二、设计分类图标

（一）搜集与商品类目有关的图片

分类图标有两种形式：一种是产品实物图，另一种是与产品相关的矢量图。小吴在设计分类图标时，根据店铺的整体风格选择产品实物图作为分类图标，获取图标的途径有两种：一种是在网上搜索与产品相似的小图标，如图7-23所示；另一种是使用店铺内的产品素材图。为了让产品链接更贴合店铺，小吴选择了第二种，并使用Photoshop对素材图进行简单处理。

图7-23 网络资源

（二）在Photoshop中打开素材图片

调整图片大小为150px×150px。小吴设计的"茶叶"类目的分类图标如图7-24所示。

（三）保存图片，图片格式为JPG、JPEG、PNG

小吴按照同样的方法设计完成其他几类商品的分类图标，如图7-25所示。

蜂蜜

咖啡

口香糖

生活用品

图7-24 "茶叶"分类图标　　　　　　图7-25 商品分类图标

三、添加商品分类

（一）登录网上创业平台，进入"商品管理"页面

（二）添加导航（顶级分类）

单击"分类管理"下的"添加分类"出现添加顶级分类页面，如图7-26所示。小吴依次添加顶级分类"食品饮料"和"生活周边"，排序分别为"1""2"，状态选择"可用"。填写完成，单击"保存信息"按钮完成添加。

（三）添加商品类目（子分类）

选择顶级分类"食品饮料"，单击"添加分类"，出现设置子分类页面，如图7-27所示。输入子分类名"蜂蜜"、排序"1"，上传设计好的分类图标，状态选择"可用"，完成之后单击"保存信息"按钮完成添加。之后依次添加子分类名"咖啡、茶叶、口香糖"。注意将子分类的排序依次编号，不能重复。

最后，小吴在手机端查看微网店，他设计制作的微网店分类页如图7-28所示。

图7-26 添加顶级分类

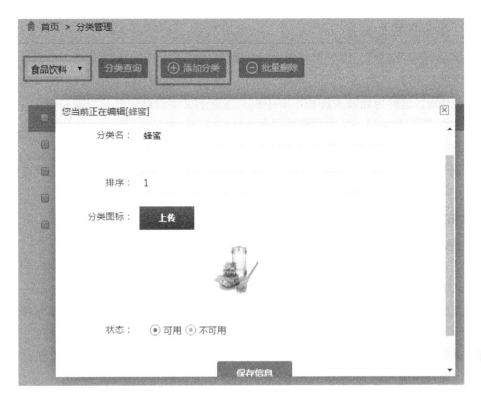

图7-27　网上创业平台"添加分类"页面

图7-28　小吴设计制作的微网店分类页面

第三步：商品详情页设计

在设计商品详情页之前，小吴首先需要认识商品详情页设计的基本规范。手机端最佳的图片像素规范：宽度在480～620px之间，高度不大于960px；格式为JPG、GIF、PNG。制作的时候，宽度一般用520px，这样可兼顾大屏和小屏手机。最佳的文字设计规范：当需要在图片上添加文字时，中文字体大于等于30号，英文和阿拉伯数字大于等于20号；当需要添加的文字太多时，建议使用纯文本的方式编辑，这样看起来更清晰。

小吴在简单地了解了商品详情页设计的基本规范之后，继续学习微网店宝贝详情页的设计思路。

一、微网店宝贝详情页的设计思路

（一）三秒注意力

看图说话是网络销售的原则，现在是注意力经济时代，产品页面需要在三秒内获得关注，吸引客户留下来继续浏览。商品详情页必须以图片为主，精简文字为辅。

手机浏览的连贯性不如PC端，且客户停留时间短，所以商品详情页必须简单直接，在手机端商品详情页设计中的前三屏必须是产品卖点和重要信息，不能有烦琐的其他关联信息。

所有产品的重点信息不能超过三屏，在前三屏一定要展示完毕，否则没有办法让客户产生购买欲望，容易直接跳失。

（二）FAB利益排序法

FAB是一种演讲或者营销法则。FAB是指Feature（产品卖点）、Advantage（产品优势）、Benefit（消费者益处）的缩写。产品卖点，即重点提炼产品优势，再辅以文字说明，用户可以很方便、直接地了解到产品信息。产品优势，即与其他同类产品的差异，比如在设计上将几个重要的数据单提出来，使用户更容易识别内容。消费者益处，即给买家带来的利益。

（三）模特展示图

模特展示图要少而精，模特展示图不能像PC端一样重复更多的正侧面模特图，或是各种颜色分类的模特图。PC端会把页面做得很长，而移动端页面要做到精简、精选。

（四）产品实拍展示图

产品要实拍细节图，并精选细节图。

（五）品牌背书或者公司简介

品牌或者公司介绍可以帮助客户消除对购买产品的疑虑，增强产品的可信度。

二、微网店宝贝详情页设计

小吴设计的宝贝详情页概况，如图7-29所示。第一屏为产品海报图，突出产品卖点和优势，遵循FAB的前两项FA。第二屏为产品属性信息和规格说明，第三屏为产品细节展示，这两屏以商品细节及参数等信息消除客户购买顾虑。第四～六屏为产品模特图片和实物图片，仍遵循FAB营销法则。

第一屏 产品卖点和优势	产品卖点和优势 即遵循FAB的前两项FA
第二屏 产品细节展示	
第三屏 产品属性信息+尺码说明	产品细节及参数等信息 消除买家购买疑虑
第四～六屏 产品模特图片+实物图片	仍然遵循FAB营销法则

图7-29　宝贝详情页概况

操作贴士 》》

由于客户不能真实体验产品，商品图文说明则是要打消客户的消费疑虑，从客户的角度出发，关注最重要的几个方面，并不断强化，告诉客户该微网店是行业专家，很值得信赖。

1）商品图文说明基本遵循以下顺序：①引发兴趣；②激发潜在需求；③赢得消费信任；④替客户做决定。

2）遵循以下原则：①文案要运用情感营销引发共鸣；②对于卖点的提炼要简短易记并反复强调和暗示；③运用好FAB法则。

3）详情页的字体设计要注意三大原则：①字体清晰；②字数精简；③大小适当。

4）详情页图片展示设计三大原则：①放大细节；②多角度展示；③图文并茂。

下面详细介绍小吴设计的一款有机工夫红茶商品详情页的内容和思路。

（一）海报图设计

海报图分为两种：风格海报和卖点海报。风格海报主要体现的是店铺或产品风格，卖点海报主要就是为了突出产品卖点。

因为是新店，为了突出优势，增强产品的可信度，留住客户，小吴在商品详情页开始的海报图处介绍产品品牌，如图7-30所示。图片上部分突出该品牌的主色调，展示品牌名称、标语和标识，下部分为与微网店商品相关的绿色茶田和茶杯。

图7-30　商品海报

（二）产品属性信息和规格

展示产品属性信息和规格容易让客户了解产品，也大大减少了客服人员的工作量。小吴在这里主要展示了这款有机工夫红茶的基本信息、产地和制作工艺，如图7-31所示。

这里应注意的有两点：文字精简清晰；图文重点突出。

千年茶乡之传承—忘尘天下醉 昌宁红
SINCE 1958

产品基本信息

品　牌	昌宁红
系　列	忘尘·天下醉
级　别	特级
储藏方法	干燥 清洁
净含量	80g
保质期	36个月
产　地	云南省
包装方法	纸袋

高山云雾出好茶

在世界茶树发源地澜沧江流域的所有茶山中，千年茶乡托其上游，昌宁红就是诞生在这里的世界红茶品牌。

现代化工厂

目前保山昌宁红茶叶集团拥有三个公司，七个制茶厂，上万亩生态茶园，年产值数亿。

世界滇红之乡—昌宁

昌宁，是一个以山区为主的地方，绕内坝谷，海拔高差从最高的2875米到最低的668米，分为高寒、温凉温热和亚热带河谷四种气候。

[制茶工艺]

采摘 手工采摘每一片鲜叶以保证茶叶的香气及口感

日光萎凋及加温萎凋两种方法提高茶叶萎凋质量 **萎凋**

揉捻 专业制茶技师揉捻恰到好处的力道和时间

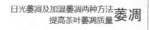

温度、湿度控制得当良好的控制使得滇红发酵适度 **发酵**

烘焙 细节决定成败充分烘焙、去其水分

图7-31　产品信息

（三）产品及细节展示

为了让客人更加清楚、全面地了解该款有机工夫红茶，小吴在这里展示商品的细节和包装。主要展示其干茶、茶汤、叶底等细节和包装，如图7-32所示。

（四）服务说明

小吴在商品详情页的最后补充说明了微网店的发货时间、合作快递和售后承诺，如图7-33所示。在赢得客户的信任之后，说明售后服务有助于推动客户下决心进行购买，促成下单。

［产品展示］

【外包装正面】
包装材料，放心可靠

【外包装背面】

图7-32 产品展示

图7-33 服务说明

如何将设计好的商品详情图上传至网上创业平台将在本书项目九任务1商品管理中讲解。

举一反三

根据上述学习内容，完成以下任务。

1. 请为自己的微网店进行首页模块设计。完成模块设计之后，设计Banner图片，并在网上创业平台进行微网店首页装修。

2. 将自己选择的商品进行分类管理，分类结果填入表7-3中。设计分类图标，在网上创业平台添加分类。

表7-3　创业商品分类管理记录表

商品分类依据	
分类	商品

3. 选择一款商品，为其设计商品详情页。请将设计思路和内容填入表7-4中。

表7-4　商品详情页设计思路和内容

商品		
商品详情页设计思路		
商品详情页设计内容	海报图	（绘制）
	产品属性信息和规格	（编写）
	产品及细节展示	
	……	

项目总结

　　本项目介绍了微网店开通前期准备工作、微网店开通设置，首页、分类页和商品详情页的设计与装修。介绍微网店开通前期准备工作主要是为了使读者掌握微网店命名原则和设计店标的策略步骤，熟悉设计制作店招技巧。读者需要熟悉微网店装修的目的，这一部分的难点是首页模块的设计，读者要重点掌握首页Banner图片、商品详情页的设计。通过本项目的学习和实践操作，读者应具备微店开通、装修优化的能力。

项目八　微网店推广与活动策划

本项目主要讲述微信公众号的基本设置、图文消息的编辑、内容推广方式以及活动策划方案、活动实施、活动效果监控等几个方面，旨在进一步提升读者微网店经营的能力，能够独立推广微网店并策划推广活动。

通过了解微信公众号的基本设置、微信公众号图文消息的编辑技巧、微信公众号推广流程及主要推广方式，读者应能够利用微信公众号完成微网店推广工作，并通过策划微网店活动，熟练掌握活动方案的策划要点、活动实施技巧，具备活动效果监控及分析的能力。

任务1　微网店推广

任务描述

"七彩尚购"微网店已经开通并装修完成，接下来小吴需要完成微网店的推广工作。考虑到创业初期要控制推广成本，还要有良好的推广效果，小吴把微网店的推广工作集中在微信公众平台上。

任务实施

在微信公众平台上可以实现和特定群体，通过文字、图片、语音、视频等进行沟通、互动。微信公众号是现今一种新型营销推广方式，利用好公众号能大大地提升商家的知名度，最终提高成交量。

下面，小吴将完成微信公众号的基本设置与图文信息的编辑，具体步骤如下。

第一步：微信公众号基本设置

一、微信公众号类型选择

微信公众号是开发者或商家在微信公众平台上申请的应用账号，通过公众号，商家可在微信平台上实现和特定群体的文字、图片、语音全方位沟通、互动。

选择哪种类型的公众号，完全取决于企业的情况和需要。小吴首先对公众号的类型进行了了解，目前微信公众号主要有四种类型：订阅号、服务号、小程序、企业微信（企业号）。通过对这四种类型账号的对比（见表8-1），小吴发现服务号更适合目前店铺的运营现状，服务号像是客服的角色，可以给企业和组织提供更强大的业务服务与用户管理能力，帮助企业快速搭建全新的公众号服务平台。服务号虽然每月只有4次群发机会，但是消息直接显示在好友对话列表中，消息推送效果更好。

认证服务号具备九大高级接口（包括获取粉丝信息、带参数二维码等重要接口），如果要精心地进行客户培育，离不开这些接口。除了高级接口，微信支付也是只有认证服务号才可以申请的。为了让用户下单更方便，同时可以使用更多的功能，小吴选择注册微信认证服务号。

表8-1　公众号各类型区别

项目	企业微信	服务号	订阅号	小程序
面向人群	面向企业、政府、事业单位和非政府组织，实现生产管理、协作运营的移动化	面向企业、政府或组织，用以对用户进行服务	面向媒体和个人提供一种信息传播方式	个人、企业、政府、媒体或其他组织的开发者
消息显示方式	出现在好友会话列表首层	出现在好友会话列表首层	折叠在订阅号目录中	出现在好友会话列表首层
消息次数限制	每分钟可群发200词	每月主动发送消息不超过4条	每天群发一条	—
验证关注者身份	通讯录成员可关注	任何微信用户扫码或者搜索即可关注	任何微信用户扫码或者搜索即可关注	任何微信用户扫码或者搜索即可关注
消息保密	消息可转发、分享，支持保密消息，防成员转发	消息可转发、分享	消息可转发、分享	消息可转发、分享
高级接口权限	支持	支持	不支持	支持
定制应用	可根据需要制定应用，多个应用聚合成一个企业号	不支持，新增服务号需要重新关注	不支持，新增服务号需要重新关注	支持，可根据需要制定应用

二、注册并认证微信公众号

通过计算机登录微信公众平台官网：http://mp.weixin.qq.com/，单击右上角的"立即注册"。应用类型选择"个人订阅号"，填写注册邮箱，设置公众号登录密码，登录邮箱查看邮件，并激活公众平台账号，如图8-1所示。

图8-1　微信公众号注册界面

经过以上的步骤，小吴完成了微信公众号的申请。接下来小吴按照微信公众号认证流程完成了微信公众号的认证工作。

微信认证是微信公众平台为了确保公众号信息的真实性、安全性所设立的。认证后的微信公众号将获得更丰富的高级接口，更有价值的个性化服务，具体特权见表8-2。

表8-2 微信认证后特权

账号类型	微信认证后特权
订阅号	1. 自定义菜单（可设置跳转外部链接，设置纯文本消息） 2. 可使用部分开发接口 3. 可以申请广告主功能 4. 可以申请卡券功能 5. 可以申请多客服功能 6. 公众号头像及详细资料会显示加"V"标识
服务号	1. 全部高级开发接口 2. 可申请开通微信支付功能 3. 可申请开通微信小店 4. 可以申请广告主功能 5. 可以申请卡券功能 6. 可以申请多客服功能 7. 公众号头像及详细资料会显示加"V"标识

微信公众号微信认证，可以通过以下两种方法申请，根据页面提示操作即可，具体操作流程如图8-2所示。

方法一：进入微信公众平台→设置→微信认证→开通。

方法二：进入微信公众平台→设置→公众号设置→账号详情→申请微信认证。

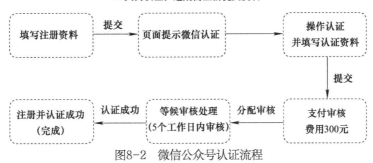

图8-2 微信公众号认证流程

三、微信公众号基本设置

完成了微信公众号的申请与认证，接下来，小吴进行微信公众号的基本信息设置。

（一）头像

微信公众平台用户可以在账号信息中修改头像、邮箱、地区、功能介绍等；还能进行微信号、微博号的设置，隐私和图片水印的设置；并能进行认证的申请和二维码的下载。其中头像、登录邮箱、功能介绍的信息一个月只能修改一次。

就像每个使用微信的个人用户一样，公众号也需要一个代表企业或公众形象的标识，公众号头像会让用户在第一眼了解公众号。大多数公众号会使用企业的标识作为头像，由于企业在线下的知名度与影响力，一方面可以让企业的用户在公众号平台很快进行识别；另一方面，在微信公众平台的运营过程中也会让企业标识为客户所熟知。

登录微信公众平台后，就可以看到公众号的操作后台，选择页面左下方"设置"栏目的"公众号设置"，如图8-3所示。

图8-3 公众号设置

打开公众号设置页面，就可以看到头像修改栏目，小吴选择了"七彩尚购"的标识作为微信头像，如图8-4所示，阅读修改协议并根据提示进入下一步。在打开的文件中选择头像图片，然后单击"保存"按钮，上传完成后即可显示头像。

如图8-4所示，可以适当调整头像显示以达到最佳效果，然后单击"下一步"按钮，根据提示完成头像设置。

图8-4　微信公众号认证流程

微信头像设置完成后，用户在移动端看到的微信公众号信息，圆形头像在微信公众号资料页中使用，如图8-5所示；方形头像在微信聊天及消息列表中使用，图8-6是方形头像在消息列表中的显示效果。

图8-5　圆形头像在微信公众号资料页中显示　　　　图8-6　方形头像在消息列表中显示

（二）二维码

上传头像后，系统会自动生成二维码，如图8-7所示。微信公众平台提供了多种尺寸的二维码图片以供下载使用，如图8-8所示。在做二维码营销的时候，选择合适尺寸的二维码，可以达到最佳的展示效果。

二维码边长/cm	建议扫描距离/m	下载链接
8	0.5	⬇
12	0.8	⬇
15	1	⬇
30	1.5	⬇
50	2.5	⬇

二维码尺寸请按照43像素的整数倍缩放，以保持最佳效果

图8-7　七彩尚购店铺二维码　　　　　　　　　　　图8-8　二维码尺寸表

（三）微信号

微信号是登录微信时使用的账号，支持6～20个字母、数字、下画线和减号，必须以字母开头。微信号尽量设置成有意义的全拼，尽量不要用首字母缩写。如图8-9所示，这里小吴把"七彩尚购"的微信号设置为"qicaishanggo"。设置好后，用户可以通过微信号搜到该公众账号，方便用户查找关注。

公众号设置

账号详情　　功能设置

公开信息

头像	七彩尚购	修改头像 一个月头像只能申请修改5次
二维码		下载更多尺寸
名称	七彩尚购	名称可通过微信认证进行设置 查看改名记录
微信号	qicaishanggo 微信号不可变更	
类型	服务号 类型不可变更	
介绍	足不出户便可尝尽云南自然味，除掉奢华的修饰、色素的添加、工业的污染，享受回归自然的购物体验。	修改 一个月内功能介绍只能申请修改5次

图8-9　微信号的设置

（四）介绍

内容运营是微信运营的核心，所以公众号介绍一定要突出差异化的内容或服务定位。

人们热衷于追求原生态、回归自然的食物，小吴抓住这样的消费心理，从地理风味、店铺特色出发，打出"回归自然"的旗号，将介绍内容设置为"足不出户可尝尽云南自然味，除掉奢华的修饰、色素的添加、工业的污染，享受回归自然的购物体验"。

单击"公众号设置"，在账号详情页面中，单击"介绍"进行功能介绍修改，如图8-10所示，修改结果如图8-11所示。

修改功能介绍
1 修改功能介绍
2 确定修改
请输入功能介绍
足不出户可尝尽云南自然味，除掉奢华的修饰、色素的添加、工业的污染，享受回归自然的购物体验。
审核通过后，你可以使用新的功能介绍，审核时间约为3个工作日。 点击了解更多

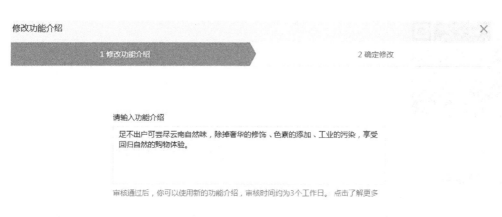

图8-10　功能介绍的修改页面

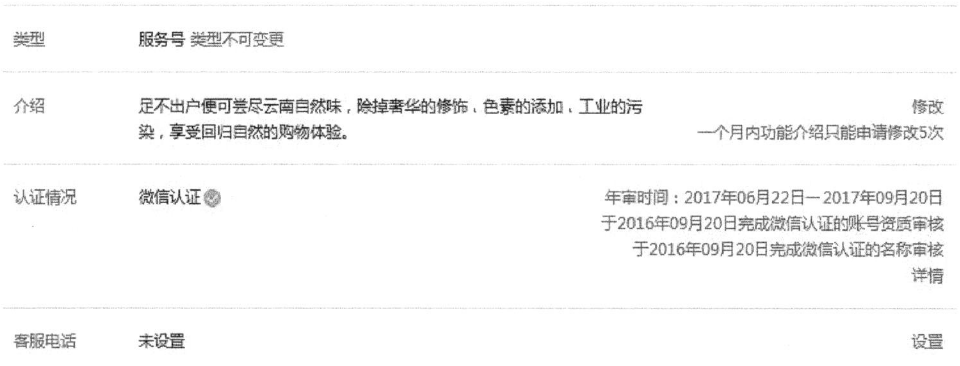

类型
服务号 类型不可变更
介绍
足不出户便可尝尽云南自然味，除掉奢华的修饰、色素的添加、工业的污染，享受回归自然的购物体验。
修改
一个月内功能介绍只能申请修改5次
认证情况
微信认证
年审时间：2017年06月22日—2017年09月20日
于2016年09月20日完成微信认证的账号资质审核
于2016年09月20日完成微信认证的名称审核
详情
客服电话
未设置
设置

图8-11　功能介绍页面

（五）功能设置

功能设置包括五个部分，小吴目前对两个部分进行了设置，如图8-12所示。一是隐私设置，允许用户通过名称搜索到本账号；二是使用名称作为图片水印，如图8-13所示，便于公众号的日后推广。

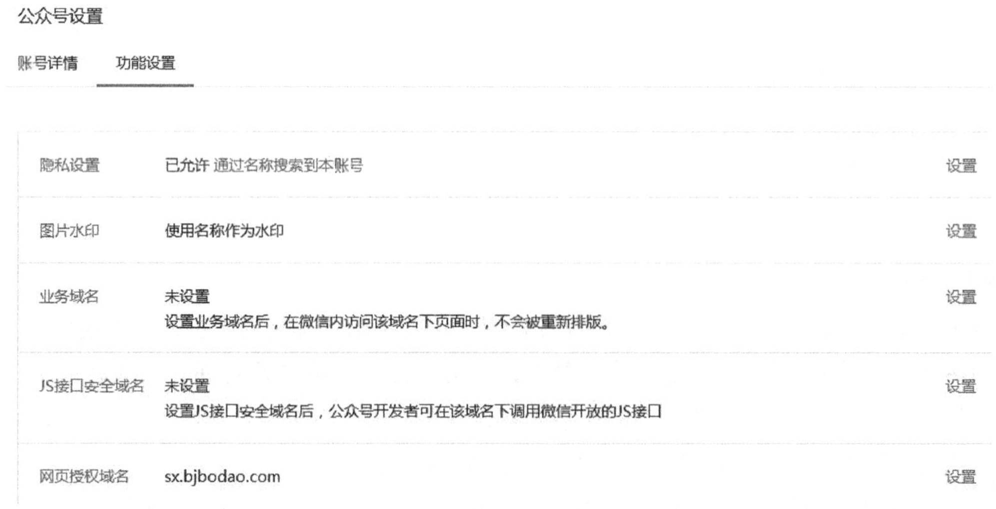

公众号设置
账号详情
功能设置
隐私设置
已允许 通过名称搜索到本账号
设置
图片水印
使用名称作为水印
设置
业务域名
未设置
设置业务域名后，在微信内访问该域名下页面时，不会被重新排版。
设置
JS接口安全域名
未设置
设置JS接口安全域名后，公众号开发者可在该域名下调用微信开放的JS接口
设置
网页授权域名
sx.bjbodao.com
设置

图8-12　功能设置页面

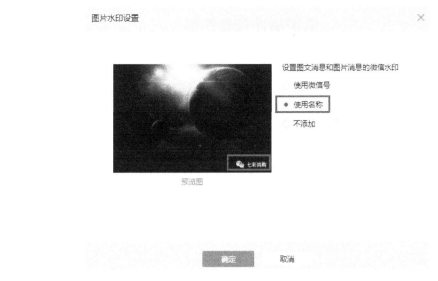

图8-13　图片水印设置页面

（六）添加功能插件

微信公众平台，申请成功之初只包括平台的基础功能，如群发功能、关键词回复、用户消息回复、被添加回复、自定义菜单等。当需要丰富公众号能力与体验时，就需要后续添加对应的插件类功能来完成。每个公众号都可以在添加功能插件页面，看到该账号能申请的所有功能。

登录微信公众后台，单击"添加功能插件"，选择需要添加的功能插件，单击"开通"，即完成了该功能插件的添加，如图8-14所示，小吴为公众号添加了"卡券功能"等功能插件。

图8-14　添加功能插件页面

操作贴士 》 》   常用插件及其作用

1. 群发功能

向关注公众号的用户群发文字、图片、图文、语音、视频等消息。

2. 自动回复

设置特定的回复内容和关键字回复内容。

3. 工具设置

可设置投票调查的工具，并且可以对投票调查数据进行管理。

4. 卡券功能

一般适合服务行业，比如餐饮行业有发放会员卡的需求，通过会员卡进行会员管理，可以达到推动用户二次消费的目的。

5. 客户功能

一个公众号可以安排多个客服同时提供服务，从而给用户提供更及时、更好的体验。

四、微信自定义回复设置

相比其他社交工具，微信更注重交流，在不能即时得到回复时用户对推送者的好感度会降低，设定适当的自定义回复可以避免这种尴尬，实现自动非人工干预下的回复。微信自定义回复主要包括关注回复和关键字回复。接下来，小吴对这两种回复进行了具体的内容设置。

（一）设置关注时回复

微信公众平台不仅提供了常规的对话服务，还在普通微信账号的基础上提供了"人工智能"的消息响应功能。如被关注时自动回复，该功能类似于客服系统，当有用户关注该微信时，系统自动对其进行问候回复，这样不仅可以友好地告知用户已关注该公众号，同时也可以将此处的回复内容设置为对公众号的介绍，使用户对关注的账号更加了解。

在微信公众平台设置关注时回复后，粉丝在关注微信号时会自动发送提前设置好的文字/语言/图片/录音给粉丝。

扫一扫   学习微信自定义回复的常见回复类型。

设置方法：进入微信公众平台，单击"自动回复"按钮，在自动回复设置页面开启"编辑模式"，即可编辑关注时回复内容。

考虑到操作的便捷性与账户安全性，小吴决定在网上创业平台（北京市商业学校电子商务创业平台商城：http://sx.bjbodao.com/Plat/Login.aspx）完成关注时回复的设置。登录网上创业平台，单击"网站设置"，进入"网站设置"页面，单击"关注时回复"，如图8-15所示。

选择回复类型，目前有三种类型的回复：①单图文回复；②多图文回复；③文字回复，如图8-16所示。

小吴选择了"文字回复"类型，编辑消息名称及消息内容，即完成了"关注时回复"的设置。

在设置自动回复时，应避免给用户造成"机器人"形象，可以趁机推送一些精彩内容，设置一些选项来吸引用户回复，参与互动。如图8-17所示，小吴在关注回复的消息中添加了"幸运大抽奖"的活动内容，并附带了引导互动的关键词，如回复"1"可以了解发货详情，回复"2"可了解包邮详情等，并引导用户与"在线客服"进行沟通。

图8-15 关注时回复内容编辑页面

图8-16 图文素材类型选择　　　　　　　　　图8-17 关注回复设置

（二）设置关键词回复

关键词回复是微信公众号的一大特色，它可以做到类智能化的人机交互。通过简单的关键词设置，公众号便可以全自动地与粉丝进行互动。

其原理是通过设置一些关键词，并且设置与其相匹配的回复内容。当用户对公众号发送消息时，系统会自动与关键词进行匹配与比较，并向用户回复相应的信息。

在设置关键词时，应先预想用户有可能提出的问题，遵循最大覆盖的原则。这里小吴分别针对人们日常关注的"是否包邮""发货时间""促销活动"设置了三个关键词，显示结果如图8-18所示。

登录网上创业平台，单击"网站设置"，进入"网站设置"页面，单击"关键词回复"，即可进入关键词回复设置页面，单击"添加规则"，如图8-19所示，填写完成"规则名""关键字""回复内容"三部分的内容，单击"保存信息"，即完成了关键词回复的设置。

图8-18 关键词回复展示　　　　　　图8-19 关键词回复设置

🖱 第二步：编辑微信公众号图文消息

在移动互联网时代，体验和参与感非常重要。对企业而言，使用微信公众号的目的就是可以实时对企业产品、服务进行内容营销，那么如何对企业产品进行有效的内容营销，这就成为企业微信公众号运营是否成功的关键问题。

在完成了微信公众号的基本设置以后，小吴需要进一步完成微信公众号内容的编辑。在进行图文消息编辑之前，小吴了解了一般图文消息的结构。

一、了解图文消息的结构

微信消息的图文转化率对图文信息的标题和内容都提出了很严格的要求，一篇好的图文信息，首先要吸引粉丝在手机上打开阅读；之后，如果图文信息内容十分有吸引力，将触动粉丝点击原文，访问目标网页。

在编写图文消息之前，小吴首先了解了图文消息的常见结构，主要包括三个部分：内容开头、内容主体、内容结尾。

（一）内容开头

内容开头由三部分构成，如图8-20所示，分别是标题、公众号名称、内容导引。

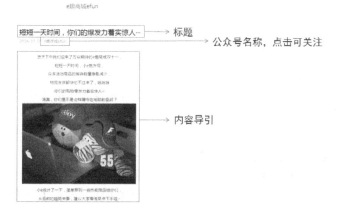

图8-20 内容开头构成

标题是提高阅读的一个首要动力，好的标题起到吸引读者、筛选目标、传达信息、引导阅读的作用。

小技巧 》

标题最好控制在手机显示的一行之内，13～15个字为宜，如果超出就会换行。如果是多图文的话，标题会覆盖掉封面图，而且会显示在黑底上，影响美观。

常见的标题有以下八种类型：

1）直言式：五折特惠，限十二点前。

2）新知式：第三代抗骨质疏松药物上市。

3）提问式：读二流大学有未来吗？

4）目标导向式：为你的手机换个新装吧！

5）夸大式：有史以来最大的商机等你来发掘。

6）如何式：如何买到让女朋友喜欢的礼物？

7）命令式：今年你必须购买大衣的十个理由。

8）见证式：这是我用过第二好用的手机！

内容导引部分，尽量以读者为中心，行文简洁，要起到吸引读者继续往下读的作用。

（二）内容主体

一篇好的微信图文消息，一定是不能忽略营销的，穿插清晰明了的活动内容，突出优惠信息，并附上购买链接或二维码，就可以成功达到引导购买的效果，如图8-21所示。

（三）内容结尾

内容结尾应添加公众号二维码进一步导引关注，并借助"阅读原文"，添加各类活动链接，引导用户前往店铺活动现场，如图8-22所示。

图8-21　活动内容

图8-22　内容结尾

二、微信公众号图文消息编辑

企业对用户进行内容传播，要遵从的一个重要原则就是与企业自身经营的产品和所在行业有一定关联性，另外，还需要结合时事热点进行宣传，利用公众对时事热点的关注提升公众对企业的关注。这样才能源源不断地吸引潜在用户去阅读企业发布的内容。

扫
一
扫　　学习图文消息编辑技巧。

在掌握了图文消息的结构后，小吴尝试针对店铺的一款红茶产品进行图文消息的编辑，如图8-23所示，单击"素材管理"→"+新建图文消息"→选择新建单图文或多图文消息进入编辑界面。微信公众号图文消息界面包括标题、作者、封面图片、摘要以及内容等几个部分，如图8-24所示。

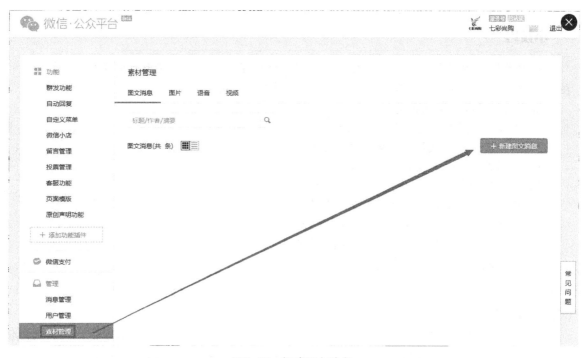

图8-23 新建图文消息

图8-24 编辑图文消息页面

添加标题、作者及贴合产品特色的图文内容，即可完成编辑。如图8-25、图8-26所示，可以对图文进行字体、图片、段落等的排版。

图8-25　图文消息编辑页面

B	I	U	有序列表	无序列表	插入图片
加粗	斜体	下画线	有序列表	无序列表	插入图片
删除格式	字体颜色	背景颜色	插入视频	发起投票	
放大编辑	清空文档	段落格式	表格添加		

图8-26　编辑功能

操作贴士》　　　　　　　　　　**常用图文素材工具**

1）微信网页版公众号——后台编辑。

2）中国素材网、华盖、全景等——获取图片。

3）求字体网、书法迷——调字体。

4）草料二维码——让二维码更好看。

5）搜狗微信——寻找和学习公众号及文章内容。

注意：网站上的部分图片字体有版权。

注意事项 》》

（1）图片 从网络上获取的图片，一定要谨慎使用，以免侵权。

（2）文章 如果不是自己原创的文章，而是引用别人的，要标明原作者或标明来源，需要把原文链接勾选，然后附上原文链接。

（3）大小 文章中的图片大小要压缩，通常不超过330KB。

（4）篇幅 篇幅不能过长，通常控制在5屏之内。

（5）字体 通常用宋体小4或5号字体。

（6）段落 首行缩进，段落对齐。

（7）小标题颜色 蓝色、棕红色、棕黄色等。

（8）文本编辑 换行时按住<Shift+Enter>键防止格式变更。

图文内容设置好以后，接下来就是封面、摘要等的设置，如图8-27所示，这里应注意封面的背景要干净、重点突出，图文的封面尺寸一定要合乎标准微信规定：宽度是900px，高度是500px，需要体现的核心元素尽可能显示在封面的中间位置。摘要主要发挥引导阅读的作用，应该简洁明了而不失引导性。当文章来自网络转载时，一定要注意"原文链接"的添加。

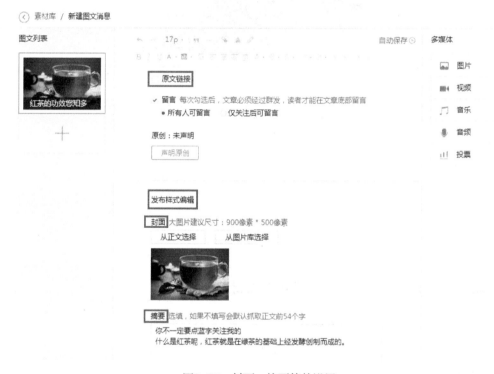

图8-27 封面、摘要等的设置

由于微信公众平台对公众号发送消息的数量是有限制的，为了在有限条数的消息中传递更多的内容，小吴在图文消息编写中经常会采用多图文消息的形式，通过一次消息发送，推送多条图文消息。

如图8-28所示，单击图文列表中的"+"即可进入新的图文消息编辑页面，按照这样的方法，最多可以添加8个图文消息进来。

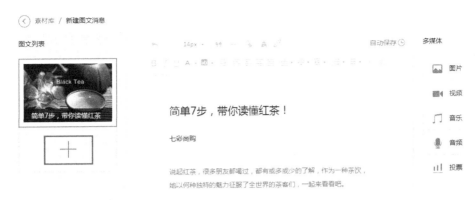

图8-28　添加多图文消息

当编辑多图文的时候，应注意图文的排列顺序，如图8-29所示，主推图文拥有比副推图文多的阅读量，一般为总体的活动内容介绍。多图文信息标题内容应有一定的关联性，格式应统一风格，这样会在一定程度上提升用户的阅读体验。而在设置封面图时，应该注意副推图文封面的规律性。如图8-29中，小吴采用多图文的形式编辑了双12的活动推广图文，把"12·12来了"几个字设置为副推图文的封面，每一个内容都来呼应主推图文的封面，每一个小封面都变成大封面的拓展。

图文编辑完成后，接下来需要完成图文的预览与推送。在编辑框下面有三个按钮：保存、预览、保存并群发。先单击"预览"，将其发送到手机上查看一下效果，如图8-30所示，如果不满意可以继续修改。

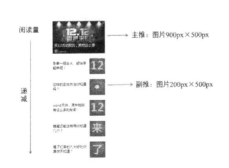

图8-29　公众号内图文列表

图8-30　效果预览

修改满意之后，一篇完整的图文消息就完成了。如图8-31所示，图文消息编辑完成后，单击"保存并群发"，即可完成图文消息的推送工作。与此同时，在微信公众号后台"素材管理"中的图文消息列表中也可以看到新增加的图文消息。

除微信公众平台之外，还可以借助微网店创业平台对已经编辑好的图文消息进行推送，只需要简单编辑转发就可以达到营销效果，从而大大节省了在微网店后台与微信公众平台之间跳转的时间。

　　进入微网店创业平台，在"微信推广"导航栏目下单击"图文素材"，可以添加单图文消息，或者多图文消息，如图8-32所示。在"群发消息"导航栏目下单击"选择图文素材"，添加名称与类型即完成了图文消息的发送，如图8-33所示。

图8-31　保存并发送

图8-32　微网店创业平台新建图文消息

图8-33　图文消息的发送

触类旁通 >>

为了让编辑的图文消息更具有特色，我们可以借助一些编辑器来完成图文消息的编辑排版。其中最为常用的就是秀米微信图文编辑器。

第三步：图文消息内容推广

公众号的图文消息推送之后，接下来就是内容的推广工作。

一、线上推广

线上推广主要集中在微信公众平台上，微信平台提供了微信好友间的分享、微信群内推广、朋友圈推广及相关微信公众号互推等方式。如图8-34所示，小吴把本次的图文消息发送给了好友并转发到自己的朋友圈。

扫一扫	学习其他线上推广渠道。	

图8-34　内容推广

操作贴士 >>

1. 公众号推广免费途径

1）自身渠道推广。

2）微博、网站、商品本身等。

3）关键词匹配、认证。

4）互推。

5）朋友圈推广。

6）账号矩阵。

7）小号+微信群。

8）活动推广。

9）软文推广（论坛、贴吧、豆瓣、QQ空间）。

2. 公众号推广付费途径

1）广告投放，比如广告通。

2）大号微博发布。

3）大号微信推荐。

4）其他推广机构推广。

注意事项 》》》

在进行微信内容运营时要注意以下方面：

（1）发送时间　早上打开手机，看到各种未读消息，大多数人首先会大概浏览，然后一晃而过，看哪些内容吸引自己，再进行深入阅读，所以发布时间点要错开。

（2）标题和摘要　微信图文消息被用户接收后，显示到手机屏幕上的就是文章标题，大概20个字，其作用相当于摘要。这20个字一定要脱颖而出，能马上激起用户的兴趣。

（3）适当连载　可用连载的方式培养用户的阅读习惯。心理学家的研究表明，一个人要真正养成好的习惯需要21天，所以连载的文章不能少于21篇，通过不断连载让用户产生对公众号的依赖。

（4）客户关系管理　根据不同人群分类进行推送，微信公众号后台有一个订户分类。有的按照地域分类；有的按照新旧客户分类。针对新会员提供他们想要的内容，针对老会员提供他们需要的服务。

（5）推送的频率　一般2～3天推送一次内容；周六、周日休息，但可以发一次更新后的总目录，这样用户可以利用自己的空闲时间自由点读，不但不会打扰他们，同时可以帮助他们利用好碎片化时间。

二、线下推广

相对于线上推广，线下也提供了很多推广方式，小吴主要考虑从以下几个方面进行微网店的线下推广。

（1）地铁广告　设计海报、限时赠优惠券、包邮卡等，在客流量巨大的地铁上传递"新鲜""快捷""划算"的价值，引导人们及时关注"领取"优惠券参与活动。

（2）活动广告　在人员集中区，如餐厅、咖啡厅发布合作海报。组织活动，如相关讲座、会议，均可设计合作项目，后期也可自己办活动、派对等。例如，扫二维码赠送小礼品等。

（3）节日广告　双十一、节假日，利用秒杀、赠送等形式，与商家合作，由专人引导扫二维码。

（4）产品广告　从物流人员、活动人员服装到产品包装、赠品包装，统一加入二维码，让产品本身变成最好的广告。

（5）传单　街头流动派发传单。

举一反三

根据上述学习内容，学生借助秀米编辑排版工具，完成一篇图文消息的编排，并发布到微信平台。学生完成操作以后，对比微信公众平台编辑器与秀米，通过对比从中掌握不同排版工具的规则及各自优势，完成表8-3。

表8-3　微信公众平台编辑器与秀米对比

排版工具	微信公众平台编辑器	秀米
优势		
劣势		

任务 2　活动策划

任务描述

在圣诞节即将到来之际，"七彩尚购"微网店准备策划一次营销活动，希望在圣诞节这场营销战争中抢占自己的市场地位，而如何利用与时俱进的媒体组合在有限预算下达到最大化曝光是关键。微信作为目前移动互联网的主要入口，在整合线上线下、沉淀用户方面都具有其他平台难以比拟的优越性。因此，小吴决定通过微信平台将具有标志性的微网店商品与追求节日氛围的消费者建立情感联结，通过促销、抽奖等相关活动带动商品销量。

任务实施

小吴的具体实施步骤如下：

第一步：策划活动方案

一、活动背景分析

圣诞节虽是一个西方的节日，但是近年来为越来越多的中国人，特别是年轻人所接受，并且渐渐被赋予了许多中国式的特色和内容，同样也是各大商业平台举办促销活动的契机。节日是感动的日子，欢乐的日子，小吴捕捉到人们的节日心理，寓动于乐，寓乐于销，制造热点，策划行之有效的活动，最终实现节日营销。

二、目标受众分析

"七彩尚购"主要以经营云南自然风味的茶、蜂蜜、咖啡及口香糖等食品为主，致力于给用户提供无色素添加、无工业污染的食品。小吴把微网店的主要目标受众定为注重生活品质，追求健康生活的一群人。这类消费者众多，需求量大，为"七彩尚购"提供了广大的市场。而选择在圣诞节举办活动，也是考虑到目标受众在节日期间会有礼品馈赠等购买需求，营造购买氛围，通过促销活动的方式，更容易引起目标受众的关注、购买。

三、明确活动目的，确定主题

互联网时代，用户的注意力极其分散，做活动是个不错的选择。然而并不是毫无目的，随意做一个活动就能取得好的效果。小吴把本次活动的主题定为"圣诞大放价"，用降价促销的方式号召用户参与进来。

本次活动的目的：创业初期微网店推广；促进商品销售。

四、活动形式的确定

小吴决定利用微信的强交互性，通过对互动流程和方式的设计，从而在与用户的互动中实现推广的目的。

小吴根据圣诞节的特殊性质来统筹策划开展关联活动。从活动目的来看，主要包括以"推广微网店"为目标的促销活动、以"促进互动、增强黏性"为目标的抽奖活动、礼品赠送活动、以"促进商品销量"为目标的"全场包邮"活动等。

具体活动内容如下：

1）促销打折活动：全商城商品1折起。

2）全场包邮（新疆、西藏、港澳台除外）。

3）买就送精美礼品一份，数量有限送完为止。

4）幸运大抽奖：抽奖活动是通过每日限次抽奖等方式来提高企业公众号对用户的黏性。微信管家为企业提供了大转盘、刮刮卡两种抽奖游戏，本次选择大转盘的抽奖方式。

第二步：活动实施

一、活动图文编辑

为了借本次活动把店铺的四类商品都推广出去，小吴决定在本次活动中采用多图文的形式，用主推图文介绍微网店店铺主体活动，再用副推图文逐一介绍各类商品的活动内容，以"圣诞大放价"五个字分别作为各副推图文的封面，使本次活动主题一目了然，如图8-35所示。

接下来，小吴分别对主推图文及五篇副推图文进行了精细化统筹与编辑。

主推图文以"圣诞送福利，大奖抽不停！"为标题，主要介绍活动的内容和相关奖品，如图8-36所示。

副推图文共五篇。第一篇以"圣诞老人没有来他却来了"为题，借势营销，借哈雷彗星出现的热门话题，引出圣诞节的活动内容，进一步渲染圣诞氛围，强调店铺活动内容，如图8-37所示。

第二篇，小吴以"为何久到离谱"为题，回应炫迈口香糖广告词"美味持久，久到离谱"，图文开头把"蒙娜丽莎的微笑"制作成蒙娜丽莎吃口香糖的动图，以幽默的方式传递产品，并在文中介绍口香糖的功效和作用，在图文结尾附上购买链接，引导购买，如图8-38所示。

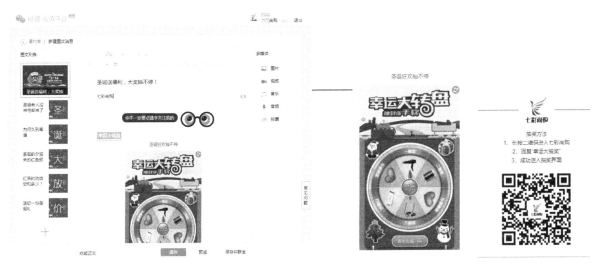

图8-35　活动图文编辑　　　　　　　　　　　　　图8-36　主推图文页面

图8-37　副推图文页面（1）　　　　　　　　　　图8-38　副推图文页面（2）

第三篇，小吴以"圣诞前夕迎来的红色预警"为题，从大家普遍关心的雾霾问题出发，引出蜂蜜有抵抗雾霾的功效，紧接着介绍了自己的蜂蜜产品，并在图文结尾附上购买链接，引导购买，如图8-39所示。

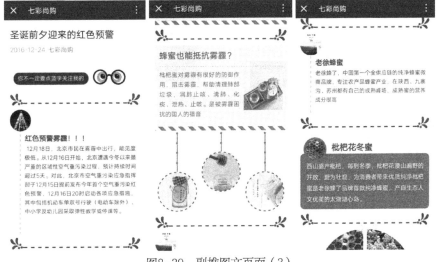

图8-39　副推图文页面（3）

第四篇，小吴以"红茶的功效您知多少？"为题，从红茶功效讲解出发，引出店铺产品，附上产品广告图及购买链接，方便用户即时购买，如图8-40所示。

图8-40　副推图文页面（4）

第五篇，小吴以"送您一份圣诞礼物"为题，从代表圣诞老人发福利的角度，推出店铺的咖啡促销活动及购买页面的二维码，并在文中穿插产品优质的配图，附上清新风格的美文，给用户一种安心惬意的阅读体验，如图8-41所示。

图8-41　副推图文页面（5）

二、微信图文消息发布

编辑好活动图文，接下来就是图文的发布和推广工作。小吴考虑到店铺产品的主要受众都是崇尚时尚、追求健康生活的人士，这类人群大多活跃在微信、QQ、微博等平台。小吴计划把覆盖面积更广的微信作为主要的推广平台，在QQ、微博平台同步辅助宣传。

（一）微信公众账号消息发布

小吴于12月24号圣诞前夜在"七彩尚购"公众号发布了"圣诞大放价"的多图文消息，为圣诞店铺活动做预热，如图8-42所示。

图8-42 "圣诞大放价"的多图文消息发布

（二）微信好友及微信群发

小吴接下来通过微信聊天窗口把活动图文内容群发给了自己的微信好友，如图8-43所示，并鼓励好友进行转发，共同参与抽奖赢福利活动。除了微信好友的群发，小吴还把活动内容链接转发到了各个微信群里，并在群里进行实时活动答疑，引导群员参与到活动中来，如图8-44所示。

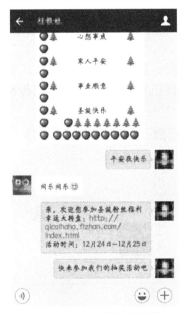

图8-43 微信好友单发

图8-44 微信群发

（三）朋友圈二次传播

在微信平台上，用户除了用聊天的方式来表达感情，还通过朋友圈来相互沟通交流，朋友圈能够大范围触达目标群体，达到强大的辐射曝光影响力。

小吴在朋友圈通过两种方式进行图文发布。一种是转发公众号发布的图文链接，并配上引导文字；另一种是用朋友圈提供的相册功能，用图片加文字描述的方式进行发布，相比第一种方式，这种方式更能让用户快速抓住活动要点，如图8-45所示。

图8-45　朋友圈二次传播

三、其他平台同步推广

为了实现信息的最大范围覆盖，小吴在QQ平台和微博平台做了同步宣传。

（一）QQ营销

小吴在QQ平台主要通过QQ群聊、空间说说、邮件群发进行推广。

1. QQ群聊

小吴意识到在群内发硬性广告的效果通常会比较差，决定通过软性植入广告的方式提升效果。小吴在平时群员聊天的时候，寻找推广时机，借机推广促销信息，宣传活动内容，如图8-46所示。

图8-46　QQ群聊

2. 空间说说

小吴通过在QQ空间发布优质的活动内容来影响用户，并对用户的留言给予即时回复，获得了良好的互动效果，如图8-47所示。

图8-47　空间说说

3. QQ邮件群发

QQ邮件提供了两种邮件群发的方式：第一种，普通邮件，通过增加收件人地址，完成多人邮件发送，这里需要注意各收件人之间要用"；"隔开，如图8-48所示；第二种，通过群发邮件按钮，选择目标群，针对对应的群成员发送邮件内容，如图8-49所示。完成收件人的添加后，输入邮件主题和正文，单击"发送"按钮就可直接将该邮件发送到对方的邮件接收服务器。

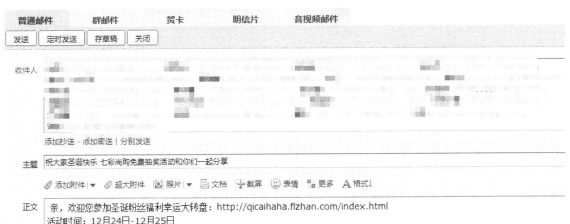

图8-48　邮件群发方式一

图8-49　邮件群发方式二

（二）微博推广

微博作为一种社会化媒体，其互动性和娱乐性特征非常强，用户可以随时在微博上发布消息，与博友开展互动，或者参与各类媒体、企业、机构举办的互动活动。小吴意识到微博平台的功能优势，注册了店铺微博账号。在微网店活动期间，小吴在微博账号发布活动图文消息，对活动进行同步宣传，如图8-50所示。

扫一扫　学习康师傅微博营销案例。

图8-50　微博推广

第三步：活动效果监控

小吴根据活动的推广途径监控其流量，这里主要对微信公众平台的数据进行监控分析。如图8-51所示，微信公众平台的后台为用户推出了"数据统计"功能，能够为公众账号运营人员提供基础的数据分析，对运营人员的数据统计和日后的运营计划制定提供了非常大的帮助，其中用户分析、图文分析、消息分析三大板块是本次活动效果监控的三个重点。

图8-51　微信公众平台数据统计

一、图文分析

图文分析是微信提供的一个可视化统计与分析的功能，其中包括"单篇图文""全部图文"两个栏目。单击"全部图文"，可以通过选定时间内的图文或者按照标题进行图文搜索，栏目会显示对应的图文指标，图文对比可以将一个或者多个图文选定，通过多个图文对比得出数据差异。它可以从直观的角度为运营人员提供传播转化的漏斗模型图，包括对"图文页阅读人数""原文页阅读人数""分享转发""微信收藏"四项指标的详细统计和分析，如图8-52所示，本次活动图文在发布后的一天内，共获得215人、696次的阅读，其中微信会话与朋友圈是浏览的主要渠道。

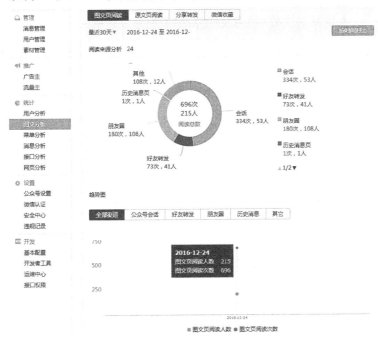

图8-52　全部图文分析页面

"单篇图文"的统计数据主要是针对所选时间段内每一篇图文消息进行分析，包括送达人数、图文页阅读人数、图文页阅读次数、原文页阅读人数、原文页阅读次数，同时可以计算出图文转化率和原文转化率，还包括分享转发的人数和次数。如图8-53所示，标题为"圣诞送福利，大奖抽不停！"的图文消息获得了最高的图文阅读人数和分享人数。

统计

单篇图文　全部图文

ⓘ 仅统计了图文发出后7天内的累计数据，并且微信手机客户端展示的阅读数，和此处的阅读数的计算方法略有不同，因此两者数值也可能不一样。

2016-12-24 至 2016-12-30

文章标题	时间	送达人数	图文阅读人数	分享人数	操作
圣诞送福利，大奖抽不停！	2016-12-24	306	175	22	数据概况 ▾　详情
圣诞老人没来他却来了	2016-12-24	306	67	20	数据概况 ▾　详情
送您一份圣诞礼	2016-12-24	306	56	18	数据概况 ▾　详情
为何久到离谱	2016-12-24	306	40	18	数据概况 ▾　详情
圣诞前夕迎来的红色预警	2016-12-24	306	38	19	数据概况 ▾　详情
红茶的功效您知多少？	2016-12-24	306	37	17	数据概况 ▾　详情

图8-53　单篇图文数据统计

二、消息分析

消息分析主要对后台用户回复消息的数据进行分析，在消息分析中，可以看到由微信公众号后台统计出的消息发送人数、消息发送次数以及人均发送次数，可以以小时报、日报、周报、月报的形式进行统计，找出消息发送的高峰点，也可以选择按照时间对这些数据进行对比。从图8-54中可以看到，在活动进行当天，10点钟的发送人数达到了最高点，也就是圣诞活动内容一经发布，微网店公众号的消息发送人数就达到一个峰值。这些数据为以后发布信息的时间点提供了一个好的参考。

消息分析页面中的消息发送人数、消息发送次数以及人均发送次数存在着以下的数值关系：

人均发送次数=消息发送总次数/消息发送的用户人数

如图8-54所示，以12月24日10点的消息数据为例，消息发送人数为25人，如图8-55所示，消息发送次数为66次，通过以上的公式可以计算出人均发送次数约为3次。也可直接查看消息分析页面的人均发送次数，如图8-56所示，结果同样是3次。

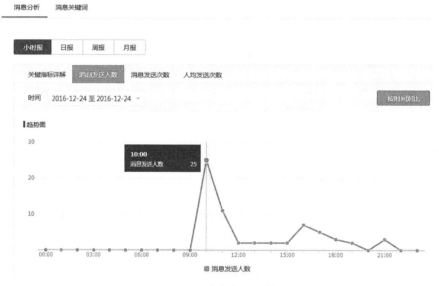

图8-54 消息发送人数

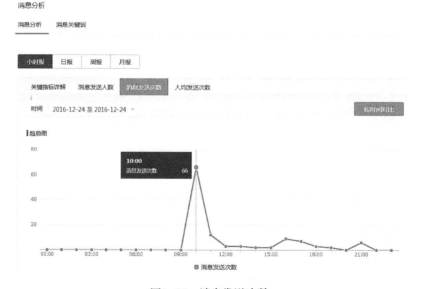

图8-55 消息发送次数

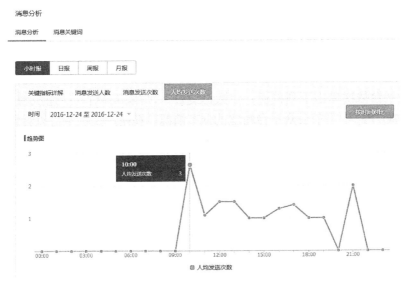

图8-56 人均发送次数

人均发送次数反映了粉丝与公众号的互动情况，从侧面反映公众号的粉丝活跃度，也反映了消息关键词的设置是否很好地引导了用户互动。

另外，在消息分析中还有一个栏目——消息关键词，是帮运营者分析哪类关键词会更加引起用户兴趣，消息关键词包含近期出现频率最高的关键词使用次数。小吴查看"七彩尚购"公众账号后台，如图8-57所示，活动图文中有9个关键词是出现频率较高的，其中"幸运大抽奖"排在了首位，说明用户对抽奖活动的集中关注。其次关键词"1""2"也排到了前列，"关注时回复"的设置取到了很好的引导用户互动的效果。

图8-57 近期出现最多的关键词

三、用户分析

在微信公众账号的统计页面，运营者可以看到微信统计中的用户分析模块，公众账号的用户层面统计给予了微信公众账号运营人员很好的参考数据。统计平台提供了粉丝增长统计与粉丝属性分析数据。

在微信公众平台依次单击下列按钮："数据统计""用户分析""用户增长/用户属性"，即可查看粉丝人数的变化/当前公众平台粉丝的分布情况。在用户属性中可以看到昨日关键指标模块、关键指标详解趋势图，其中在各种指标中有新关注人数、取消关注人数、净增关注人数、累积关注人数四个指标供运营者进行参考，如图8-58所示。

图8-58　用户行为分析

其中要特别注意粉丝增长统计下方的"取消关注人数"这一项，它对运营者来说有很大的价值。很多运营者在查看微信用户统计的时候只看到粉丝的增长数量，却没有注意到先关注后取消的情况。"取消关注人数"这一项可以很清楚地观察到取消关注量。

通过对取消关注人数趋势图的分析，如图8-59所示。小吴可以从反面角度查看所运营的微信公众号的用户体验。以微信后台目前所提供的服务，还无法判断用户取消对账号关注的原因，但是通过对取消关注人数趋势图的分析，可以确切地知道某一个具体的日期取消关注的情况。这样对比运营中当天所做的运营工作，也是可以大致分析出用户取消关注原因的。

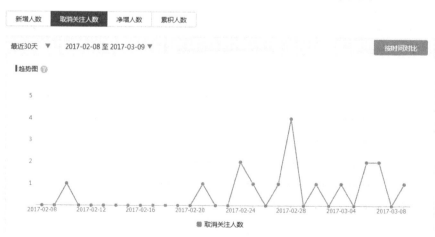

图8-59　取消关注人数页面

在用户属性分析方面，微信提供了"性别""语言""省份"三个维度，由此将用户粉丝进行细分，对精准营销也有一定的帮助。如图8-60、表8-4所示，用户性别男女均衡，语言均为简体中文，用户主要分布在北京、云南、陕西三个城市和省份，其他省份用户数量较少，后期在营销方向上应根据用户的属性做出相应的调整，应针对用户集中的省份重点进行后期的维护工作，对用户分布数量少的省份应该用活动引导用户关注加入。

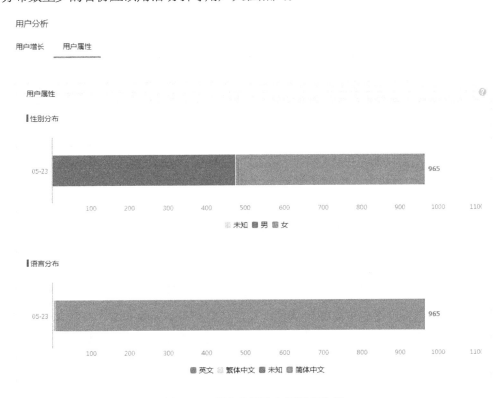

图8-60　用户性别分布及语言分布

表8-4　用户省市分布

序号	用户数	省市分布
1	401	北京市
2	367	云南省
3	74	陕西省
4	22	河北省
5	20	广东省
6	12	江苏省
7	11	湖南省
8	10	浙江省
9	10	广西省
10	6	湖北省

1. 根据上述学习内容，读者应围绕特定的主题策划一次营销活动。根据营销目的及受众群体进行微信营销策划，确定营销的相关主题、内容及其表现形式，完成表8-5。

表8-5 微信营销策划表

活动背景分析	
目标受众群体	
明确活动目的，确定主题	
活动形式	

2. 根据活动策划，撰写微信图文消息并发布、推广，填写表8-6。

表8-6 图文消息发布及推广记录表

活动图文消息编辑	
图文标题	
图文内容	
活动图文发布	
发布平台	选择其原因
微信	
微博	
……	

项目总结

通过本项目的学习，读者应对微网店推广及活动策划等相关操作有一个基本的认识，使微网店推广运营能力有所提高。其中，微信公众账号图文消息的编辑、活动策划方案的制订及活动实施要点都是本项目的难点，需读者认真学习。与此同时，通过本项目的学习，读者要具备图文的编辑能力、店铺活动方案的策划能力及数据的效果监控分析能力，培养在后续创业运营中的推广思维。

项目九　微网店管理

本项目分为四个任务讲述微网店管理，任务1商品管理，主要讲述如何在网上创业平台管理商品、创建商品；任务2订单管理，分为查看订单、处理未付款订单和处理付款订单；任务3客户管理，分为客户关怀策略和会员管理；任务4物流管理，从快递公司的选择、是否包邮、商品分类、运费方案的制订和连接商品几个方面讲解。本项目旨在进一步提升读者从事微网店经营的创业能力，使读者具备独立操作微网店管理活动的能力。

通过学习微店管理基础知识和实践操作，读者应能够在网上创业平台上架新品，管理并优化微网店商品，掌握商品命名的要求和商品主图设计技巧，熟练掌握微网店订单管理（未付款订单、付款订单）的方法，掌握客服催付策略、客户关怀策略、客户分类管理与物流管理的方法，能够合理处理微网店不同类型的订单，管理客户关系，并设置商品运费。

任务1　商品管理

任务描述

微网店运营管理还有一项工作就是商品管理，小吴是如何管理"七彩尚购"微网店商品的？本任务依托网上创业平台讲述小吴的商品管理工作。商品管理包括商品添加、上架、下架、商品编辑修改、商品删除等，商品管理功能提供商品的分类管理、商品资料的录入维护，以及精美的商品图片、灵活方便的价格设置等。

任务实施

商品管理是微网店经营的主要活动，直接关系到微网店的生死存亡。在市场竞争残酷的微利时代，只有做好微网店商品进、销、存的管理，才能得以生存、发展，才能战胜竞争对手。

知识链接

1. 商品管理的概念

商品是微网店的运营基础。商品管理是指从商品计划、商品订购（进货、补货、退货）到商品陈列上架、库存管理、商品销售、信息反馈等的一个完整的循环过程。有效的商品管理可以确保满足顾客的需求，有效地控制成本，提高经营效益。

2. 商品管理的重要性

1）商品是店铺的灵魂，是创造店铺销售量的重要元素之一，商品的销售实现了它从交换价值向使用价值的转换。

2）店铺是盈利流通渠道的末端，为商品的价值实现提供平台，其具体活动可分为商品计划、商品订购（进货、补货、退货）到商品陈列上架、库存管理、商品销售、信息反馈等。

　　3）零售活动的目标是"在适当的时间、适当的场所，以适当的价格，提供适当量的适当商品"。

第一步：查询商品

　　进行商品管理，首先要了解微网店现有商品的具体情况。小吴通过"七彩尚购"后台即网上创业平台进行查看。具体操作如下：

　　1）登录网上创业平台。

　　2）单击商品管理下方的"平台商品"，进入商品列表页面，如图9-1所示。

图9-1　网上创业平台商品列表页面

　　3）查看商品。小吴可以按照商品的状态（暂不上架、已上架和已下架）、类别、条码、名称查询相关商品，如图9-2所示。

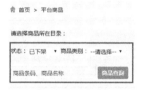

图9-2　商品查询

第二步：管理商品

　　网上创业平台提供了上架、下架、修改、删除、批量上架、批量下架、批量删除商品管理操作功能，如图9-3所示。

图9-3　商品管理功能

　　发布成功的新品状态为"暂不上架"，可以设置其上架，也可对微网店商品进行下架操作，下架后的商品可再次上架，也可删除。小吴可以根据实际情况需要选择执行删除、上架、修改三种操作。

知识加油站

1. 商品管理的职能

　　以市场为导向，通过科学合理的需求规划，建立高效的商品信息分析平台；科学合理订货，科学规划商品流向、流量，减少订货库存，控制预估库存，消化事实库存，加快商品到现金的流转速度；实现商品销售最大化和库存最小化，从而保证企业可持续健康发展。

2. 商品管理的三个基本原理

（1）"二八"法则 社会约80%的财富集中在20%的人手里，而80%的人只拥有20%的社会财富，这就是"二八"法则。其反映了一种不平衡性，即20%的少量因素带来了80%的大量结果。

不过，这里的20%或80%不是绝对的。它只是提示管理者：不同的因素在同一活动中起着不同的作用。在资源有限的情况下，管理者的注意力应该放在起关键性作用的因素上，加强管理工作的针对性，提高效率，取得事半功倍的效果。

（2）生命周期原理 商品生命周期是指商品在市场中有效的营销时间，或称为商品经济生命，即商品进入市场后，有它的成长、成熟和衰退过程。

（3）商品组合原理 局部最优并不意味着整体最优。这是系统论的核心。

商品组合有鞋服组合、男女组合、品类组合、花色组合、款式组合、价格组合、面料成分组合、厚薄组合等。在进行订货时，应该避免"只见树木不见森林"的现象，而应打造最优价值的商品组合。

第三步：发布、上架新品

网上创业平台创建商品的渠道有两个：一是通过单击商品管理下方的"创建商品"进入创建商品页面，如图9-4所示；二是通过单击商品管理下方的"平台商品—创建商品"进入创建商品页面，如图9-5所示。

图9-4　创建商品页面"商品基本信息"

图9-5　平台商品页面"创建商品"

小吴依次填写商品基本信息、编辑图文说明、上传图片至商品相册、添加商品属性，然后上架新品，具体步骤如下。

一、填写商品基本信息

网上创业平台的商品基本信息包括商品条码、名称、分类、图片、价格、库存等信息，如图9-4所示。商品分类一定要和前期的分类一致，以方便后期管理。建议商品图片尺寸为300px×300px。

商品信息如实填写即可。由于商品的其他信息（图文说明、商品相册、商品属性）还没有设置完成，小吴将上架设置选为"暂不上架"，如图9-6所示。检查无误之后，单击"发布"按钮。

图9-6　上架设置

操作贴士 »»　　　　　　商品命名的要求

商品命名的根本目的是使商品的名称与消费者的心理相吻合，对消费者产生积极的影响。所以在给商品命名时应符合下列心理要求。

（1）**名实相符**　商品名称要与商品的实体特征相适应，使消费者能够通过名称迅速了解商品的基本效用和主要特征。

（2）**便于记忆**　商品的名称主要用来吸引消费者，加深消费者对商品的印象，所以商品的名称应易读易记，以便降低记忆难度。

（3）**引人注意**　这是商品命名最主要的目的，也是最重要的要求。好的商品命名应能在众多同类商品名称中脱颖而出，迅速引起消费者的注意。

（4）**激发联想**　激发联想是商品命名的一项潜在功能，通过名称的文字和发音使消费者产生恰当、良好的联想，可以引发其良好的心理感受，激发购买欲望。

二、编辑图文说明

图文说明（也叫商品详情）是由文字、图片、视频等构成的，向客户介绍商品特点、使用方法等详细情况的页面。图文说明是提高转化率的入口，可激发客户的消费欲望，树立客户对微网店的信任感，打消客户的消费疑虑，促使客户下单。优化商品图文说明对转化率有提升作用。

单击"图文说明"进入编辑页面，如图9-7所示。

小吴前期设计的"云南特级滇红工夫红茶礼盒装"商品图文说明展示内容有：品牌介绍、生产过程展示、产品参数、产品特色（干茶、茶汤、叶底）展示、包装展示、冲泡方法、购物指南。

单击"图片"按钮，选择"本地上传"，如图9-8所示，将设计好的商品图文说明图片上传完成，单击"发布"按钮。

小吴设计的商品详情部分页面如图9-9所示。

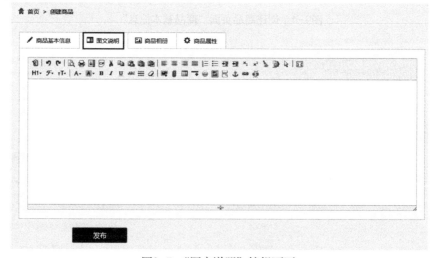

图9-7　"图文说明"编辑页面

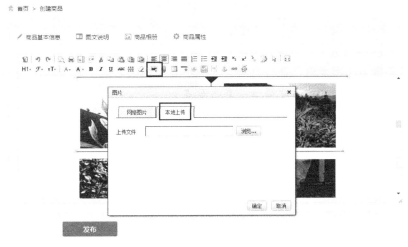

图9-8　本地上传图片

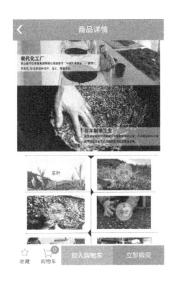

图9-9　小吴设计的商品详情部分页面

三、上传图片至商品相册

在商品相册上传该商品的主图，建议图片尺寸为640px×642px，如图9-10所示。主图在微网店显示位置如图9-11所示。

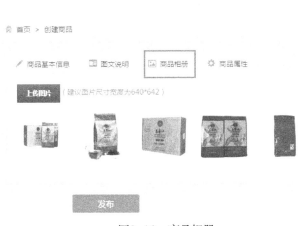

图9-10　商品相册

图9-11　商品相册主图在微网店显示位置

小技巧 》》》　　　　　　　商品主图设计技巧

1）图片一定要清晰，曝光正确，大小合适，展现角度恰当，以方便后期处理。

2）第一张应是商品主图，要充分利用展示区，底色为单色，商品要突出，须占图的2/3。

3）第二张是商品的次主图，让客户对商品有个直观的认知。

4）不要有太多的宣传，文案要简洁、直击要点。

5）五张商品主图尽量色系统一。

6）图片不要有边框，不要将多张图拼在一起，一张图片只能展示一方面内容。

四、添加商品属性

在"商品属性"栏下添加产品参数，如图9-12所示。单击"添加自定义属性"，可以添加更多参数。商品属性添加完成之后单击"发布"按钮保存。

图9-12　添加商品属性

知识加油站 》》》

产品参数是指产品（区别于商品）提供给市场，被人们使用和消费，或者是满足人们某种需求时需要标明的某种特征值，包括长度、宽度、高度、密度、质量、物理特性、规格、使用的行业标准、原料、生产工艺、各种化工原料的添加值、性能、产地、储存环境、使用寿命、结构等。

以上工作做完，检查所有信息无误，将商品状态"暂不上架"修改为"上架"。此时，小吴已经将一款新商品上架成功。接下来小吴按照上述步骤上架其他商品即可。

举一反三

根据上述学习内容，请选择一款商品，为其命名、设计商品主图，完成表9-1，并在网上创业平台上架该商品。

表9-1　上架商品记录表

商品条码	
商品名称	
分类	
参数	
主图	

任务 2　订单管理

任务描述

"七彩尚购"微网店商品上架之后，经过一段时间的推广，终于迎来了第一批订单。小吴在网上创业平台查看订单，发现有的订单还没有付款，有的订单已经付款。对于这两种类型的订单，小吴应该如何处理呢？

任务实施

订单管理是一个常见的管理问题，包含在微网店的客户订单处理流程中。订单管理可被用来发掘潜在的客户和现有客户的潜在商业机会。订单管理就是处理订单。

在微网店的经营过程中，如果店铺订单过多，很可能出现因小吴无法及时处理而影响交易的情况，这将导致微网店遭受利益和名誉上的双重损失。各类微店平台为广大店主提供了非常完善且划分细致的订单管理功能，它不仅能帮助店主快速了解订单详情，同时还便于店主管理订单。

第一步：查看订单

登录网上创业平台，单击"订单管理"进入订单管理页面。网上创业平台"订单管理"页面如图9-13所示。微店"订单管理"页面如图9-14所示。

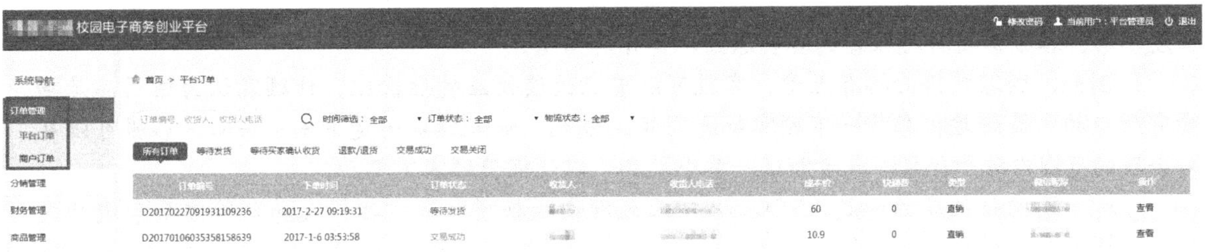

图9-13　某公司网上创业平台"订单管理"页面

图9-14　微店"订单管理"页面

订单管理拥有四项基本功能，分别是："待处理（等待发货）"、"未付款"、"已完成"和"已关闭"。除此之外，还有一个"搜索"订单的功能。

知识加油站

待处理订单是顾客已经付款，需要店主处理并完成后续的发货任务的订单。

未付款订单，实际上就是那些已将收件人信息填写完整的未付款订单。也就是说，顾客已经有了购买的意愿，只是还没有完成付款。

第二步：处理未付款订单

微网店开店，新手对未付款订单了解不透彻，经常会因为处理此类订单不当而错失生意。对于这种订单，到底该如何处理呢？

在这种情况下，小吴会及时与顾客取得联系（打电话、发短信或通过微信和QQ，以顾客在订单中留下的信息而定），探究其未付款的原因。只有知道了顾客未付款的原因，才能对症下药，争取成交。注意：一定要及时，否则会影响这种订单的成交概率。

顾客在24小时内未完成付款，店主也没有及时处理的订单，就会自动变成"已关闭订单"。如果店主想了解这些曾经的未支付订单的情况，就只能在"已关闭订单"中进行查询了。

一般来说，对于收件人信息没有填写完整且已关闭的订单，店主无须处理。而对于收件人信息已经填写完整却未付款的订单，应该主动与顾客取得联系，询问具体情况，然后根据实际情况做出相应的处理，以促使订单能够"起死回生"。

知识加油站 >> **未付款订单的产生原因及客服催付策略**

未付款订单的顾客是最有希望成交的顾客。通过与之沟通，会发现顾客没有付款，不外乎如下几个原因：

1. 不了解付款流程

对这类顾客，只要详细告诉其支付流程，以及支付时遇到相关问题的处理方法即可。

2. 犹豫不决

犹豫不决也是顾客只下单而不付款的一个常见原因。本来想买，但填好信息后又有点犹豫，所以就没有付款。

顾客有可能是对商品质量心有疑虑，或者觉得价格有点儿高，也有可能是对网购的信任度不够。客服需要针对顾客的真实原因，解开其心结。

例如，顾客觉得价格有点贵，客服可以重点谈谈商品的性价比，让顾客认为该商品是物有所值的，最好趁机夸赞一下顾客挑选商品的眼光。如果顾客还是下不了决心，客服可以在合理的范围内给予优惠，或者赠送一些小礼品，以此促使顾客下单。

对于网购信任度的问题，可以从"7天无理由退换货"和"担保交易"等方面来进行说服，让顾客尽可能打消顾虑。

3. 断货

有时候，顾客未付款是由于断货。这时客服一定要及时联系顾客，向其表达歉意，请他耐心等待几天。并告诉他，等货物备齐会在第一时间通知他。这样一来，就会大大降低此类订单的流失率。

当然，店主要尽量避免断货的情况发生，对店铺中畅销商品的存货量（上游经销商的存货量）需要时时关注。如果发现某种畅销商品即将断货，要及时与上游经销商联系，尽快备货。

第三步：处理付款订单

通常只要顾客将选中的商品放入购物车并成功付款后，网上创业平台就会自动向小吴发送一条微信提示消息。收到提示消息后，小吴会尽快向顾客发货，具体操作如下。

一、进入订单页面

在"待处理（等待发货）"的订单里，只要单击其中任何一个订单，就会进入订单详情页面。处理订单时，只要单击"查看（/处理）"按钮，选择"发货"就可以了，如图9-15所示。

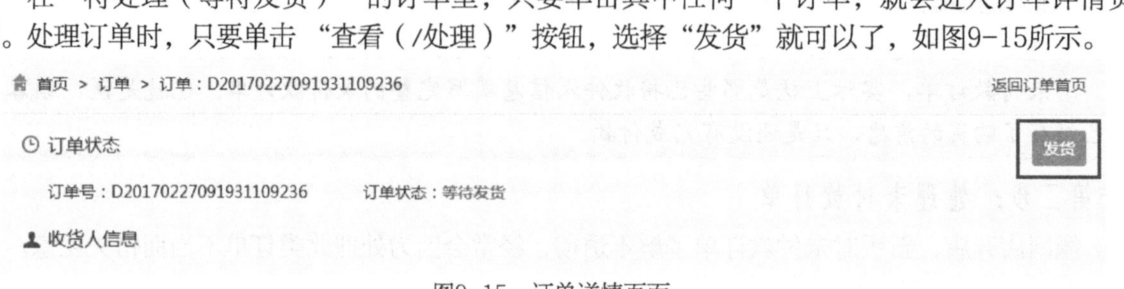

🏠 首页 > 订单 > 订单：D20170227091931109236　　　　　　　　　　　　　　　返回订单首页

🕐 订单状态　　　　　　　　　　　　　　　　　　　　　　　　　　　　　　　　　发货

订单号：D20170227091931109236　　　订单状态：等待发货

👤 收货人信息

图9-15　订单详情页面

二、选择"快递"处理订单

在发货页面，可以看到"快递公司"和"快递单号"，如图9-16所示。

如果小吴选择快递发货，可以在网上创业平台的合作快递公司中进行选择，比如顺丰速运、圆通速递等。当然，如果网上创业平台上没有店主合作的公司名称，店主也可以自己填写。

填写相关信息之后，单击"确认发货"按钮即可。

图9-16 选择"快递"处理订单

三、选择"无须物流"处理订单

另外，微网店的顾客有相当一部分是小吴朋友圈里的熟人。如果住在同一座城市，就可以省去快递这一流程，小吴可以送货上门，顾客也可以上门取货。

四、成功处理"待处理"订单

完成上述操作，"待处理（等待发货）"订单处理完毕，便会变成"等待买家确认收货"订单。

扫一扫
查看微网店商品发货包装攻略。

举一反三

根据上述学习内容，完成以下任务。

1. 请读者将三大移动微网店平台的订单管理的基本功能填入表9-2中。

表9-2 微网店平台订单管理的基本功能

微网店平台	订单管理的基本功能
微店	
萌店	
有赞微小店	

2. 请读者在智能手机端打开微店APP，进入"开单攻略"，查看"有人下单我该怎么做"和"为什么买家下了单，却没付款"，结合自己的经验，思考后填写表9-3。

表9-3　开单攻略

项目		经验总结
有人下单我该怎么做	待付款订单	
	待发货订单	
为什么买家下了单，却没付款		原因

任务3　客户管理

任务描述

经过一段时间的推广和运营，"七彩尚购"微网店的客户越来越多，积累了不少客户资源。为了更好地为客户提供优质的服务，小吴决定对新老客户进行等级分类，针对不同等级的客户提供不同的服务，采取不同的客服关怀策略。

任务实施

想要运营好微网店，就必须与客户建立良好的关系，换句话说，也就是要掌握管理客户的有效方法。这对小吴来说十分重要，是微网店顺利开展经营活动、实现快速发展的必要保证。

> **知识加油站**
>
> 客户关系管理（CRM，Customer Relationship Management）的定义是：企业为提高核心竞争力，利用相应的信息技术以及互联网技术来协调企业与顾客间在销售、营销和服务上的交互，从而提升其管理方式，向客户提供创新式的个性化的客户交互和服务的过程。其最终目标是吸引新客户、保留老客户以及将已有客户转为忠实客户，增加市场份额。

第一步：掌握客户关怀策略

如果想要微网店一直有着不错的发展，客户关怀将会成为非常重要的一点。要不断吸引新客户并把他们变成老客户。小吴从以下四个方面进行客户关怀，如图9-17所示。

建立情感联系　➡　取得客户信任　➡　提供极致的客户体验　➡　建立强关系

图9-17　客户关怀策略

> **知识加油站**
>
> 管理学家克拉特巴克提出："客户关怀是服务质量标准化的一种基本方式，它涵盖了公司经营的各个方面，从产品或服务设计到它如何包装、交付和服务。"

一、建立情感联系

在移动互联网时代，客户除了看重产品和服务的质量之外，更看重自己情感上的需求能否得到满足。比如店主可以在卖产品时多讲一些情感故事，在营销信息中加入一些娱乐互动性因素等，这些都是很好的情感营销方法，容易引发客户情感上的共鸣，进而取得较好的营销效果。

二、取得客户信任

要想客户购买微网店的产品，建立彼此间的信任感是很重要的。小吴通过一些小技巧（如使用真实头像、展现真实生活、展现产品的权威认证图片等）来达到争取客户信任的目的。需要注意的是，建立信任感是一个长期的过程，需要不断坚持，从一点一滴的小事做起，这样才能取得成效，与客户建立起真正的信任。

三、提供极致的客户体验

在为客户提供服务时，不能只是为了成交而成交，而要为客户提供极致的购物体验，这样才能获得客户最大程度的好感。例如，小吴在客户购买前会提供详细的品类推荐，在客户购买后会提供快速的配送服务和贴心的查访服务。这就是为客户提供极致体验的体现。

扫一扫 | 了解客户异议处理策略以及投诉处理技巧。

四、建立强关系

与客户成功建立了关系并不意味着成功，如何将这种关系转变为长期、稳固的强关系，才是店主应该认真考虑的事情。可以通过开展同城或异地活动，建立线下体验店，定期向老客户进行需求调查等方式，不断加深与客户间的联系，与客户实现友好的互动交流，从而达到建立强关系的最终目的。

知识链接 »

1. 客户关怀的原则

微网店应遵循以下五个原则来实施客户关怀：

1）急客户之所急。

2）给客户惊喜。

3）提供精准化关怀。

4）全面接触客户。

5）以客户为中心。

2. 客户关怀的方法

（1）短信　微网店产生订单之后，微店主可以从订单详情里看到客户的电话信息，有心的微店主可以在客户下单后主动联系，告知其已经接到订单，会尽快发货，这样可以给客户踏实感。同时发货之后也可以及时告知客户。

（2）电话　不管在交易的哪一个环节，打电话给客户，都体现了对客户的重视，效果很好，不过人力成本偏高。

（3）QQ群　微店主有一定的客户数量之后，可以考虑建立自己的客户群体QQ群，要想一直积累客户，建议由专人进行维护。

（4）微博　多用于新客户的开发，对待老客户建议少发送大量产品信息，多做精准营销和微博互动。

（5）微信/微信群　多为客户点赞、转发评论，如果有专门的客户微信群也建议精心维护。

第二步：进行会员管理

为了让店主更好地管理客户，增加复购，减少客户流失，微网店平台和网上创业平台都设计了客户管理模块。

与微网店有过交易记录的客户，都会在网上创业平台中留下信息。小吴可以从多角度查询、统计客户的发货记录、交易记录等，如图9-18所示。然后将这些客户基本资料进行共享集成。小吴根据这些数据分析客户喜好，从而有针对性地进行推广。

小吴根据客户购买次数、总订单数和总消费金额在微信公众号后台将客户进行分组管理，分为以下几组：核心客户、重点保持客户、重点发展客户、重点挽留客户，如图9-19所示。

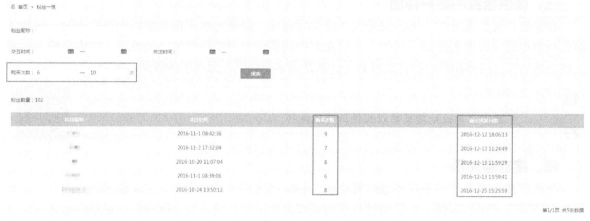

图9-18　网上创业平台粉丝查询结果

图9-19　客户分组

> **知识链接** »

微网店的客户分成以下四类：

1. 核心客户

核心客户是指购买次数多，且最近有购买的客户，这些客户是微网店里核心且最重要的一批客户。

2. 重点发展客户

重点发展客户是指最近有购买，但是购买次数少的客户，这些客户有发展成核心客户的潜力，需要重点发展。

3. 重点保持客户

重点保持客户是指购买次数多，但是最近没有购买的客户。这类客户属于微网店的老客户，如果重点关照一下，很容易促成复购。

4. 重点挽留客户

重点挽留客户是指近期无交易，购买次数少的客户。这类客户处在流失的边缘，建议有针对性地做一些老用户召回活动挽留一下。

操作贴士 》 **设置专属标签**

当客户越来越多，客户的消费需求、年龄、喜好等方面的区别便会凸显出来，这时候通过打标签的方式把相似的客户归类，方便自己了解各类客户有什么样的消费喜好和消费水平，而且针对不同标签的客户，推送不同的定制化消息或商品。商品以及推送的消息越精准，客户就会越喜欢这种方式，会认为商家真的懂他们，那么转化率就会越高。

举一反三

根据上述学习内容，完成以下任务。

1. 客户关怀的目的是支持和经营客户并实现持续或再销售，它除了包含传统的被动式客户关怀以外，还包含主动的客户关怀、互动式服务、客户咨询服务、主动营销服务等服务内容，有效达成客户关怀与销售的统一，实现对完整客户生命周期售前、售中、售后等各环节客户关怀与销售流程的支持。

请读者从客户体验的角度出发，采用网上调研的方法搜集资料，设计不同购买阶段的客户关怀策略，完成表9-4。

表9-4　不同购买阶段的客户关怀策略

阶　　段	客户关怀策略
售前	在客户购买前，服务的主要工作目标是目标客户寻找、销售机会跟踪及市场活动执行。对客户需求的深入把握，客户关怀侧重于从专业角度帮助客户在商品选择中对适用的商品做出适当的选择，为客户提供专业的解决方案，竭力满足客户不同层次的需求，为微网店与客户之间关系的建立打开一扇大门
售中	
售后	
参考资料及链接	

2. 请根据不同分类标准对客户进行分类管理，完成表9-5。选择一种分类标准在网上创业平台（或微信、微信公众号后台）对客户进行分类管理。

表9-5　客户管理分类

分类标准	类别
客户购买次数、总订单数和总消费金额	核心客户、重点发展客户、重点保持客户、重点挽留客户

任务4　物流管理

任务描述

"七彩尚购"微网店客服反映最近由于快递和运费的问题，经常要给客户解释很长时间。小吴进入"七彩尚购"微网店，再看看别人的店铺，发现原来"七彩尚购"没有设置运费方案。于是小吴决定在网上创业平台为微网店添加运费方案。

任务实施

快递是微网店商家除客户外接触最多的人群之一。选好快递并构建起良好的合作关系，无论对提升微网店的服务质量还是降低经营成本都有着重要的作用。

网上创业平台和各类微网店针对不同地区可以设置不同的运费。小吴开始选择合作快递公司，制定运费方案。

第一步：选择快递公司，决定是否包邮

一、选择合作快递公司

选择一个好的快递公司对于经营微网店来说尤为重要，快递速度、快递质量、快递服务态度等是客户衡量商家的重要指标。尽管商家和快递公司仅仅是合作关系，但对于客户来说却是一体的。

小吴在选择快递公司之前，对当地的快递业做了一个整体的调查走访，了解快递公司的基本政策和收费标准等。

在经营初期，小吴多次尝试与不同的快递公司合作，以便对其有更深入的了解，并观察客户对不同快递公司的评价，然后做出选择。

最后，小吴确定常用的一两家快递公司，和其处好关系，经常合作，以争取其更大的优惠和支持，在保证质量的前提下再去降低成本。

注意事项 »

建议微网店商家在选择快递公司的时候，先多选几家，分别合作一段时间，再从中挑选出最适合进行长期合作的快递公司，在选择长期合作的快递公司时需要注意以下几个方面：

1. 快递的价格

建议不要盲目地选择价格最低廉的快递公司，因为一般价格偏低的快递公司服务质量比较一般，合作久了之后有可能会拉低微网店信誉。因此建议商家一定要选择价格适中的，订单多的话快递公司还可以适当降低价格。

2. 发货的速度快慢

长期进行合作的快递要选择发货速度快的公司，这个肯定是很受客户青睐的。顺丰快递比较快，但是一般情况下客户不特别要求的话都不会发顺丰快递，因为价格相对比较高，一些中小商家是承担不了的。

3. 快递的服务态度

货比多家，在价格都差不多的情况下，微网店店主肯定要选择服务态度好的，哪家快递公司的服务态度好，就跟哪家达成长期合作关系。

二、包邮或不包邮

提供包邮服务还是不提供，这对于小吴来说是一个重要的经营决策。

一般情况下，在单件商品利润有保证的情况下，小吴尽量提供包邮服务，但如果单件商品利润很低，仅仅是几元钱，又支持单件出售，此时包邮显然是不可取的，这就需要设置多少件以上包邮，或者取消包邮服务。

第二步：商品分类

一般情况下，微网店店主首先要把运费比较高的产品找出来。然后，利用运费对产品进行分类。小吴将"七彩尚购"微网店的商品分成两部分。

一、部分包邮商品

部分单件利润较低的商品采取部分地区包邮。北京地区包邮，新疆、西藏不包邮，其他地区收取较低运费，港澳台暂不支持邮寄，详见表9-6。

表9-6　部分包邮具体情况

是否包邮	地区	邮费（计价方式：按件数）
包邮	北京地区	0
收取较低运费	天津市、河北省、山西省、内蒙古、辽宁省、吉林省、黑龙江省、上海市、江苏省、浙江省、安徽省、福建省、江西省、山东省、河南省、湖北省、湖南省、广东省、广西、海南省、重庆市、四川省、贵州省、云南省、陕西省、甘肃省、青海省、宁夏	默认运费5元
不包邮	新疆、西藏	默认运费1件以内20元，每增加1件增加运费18元
其他	港澳台暂不支持邮寄	—

二、包邮商品

单件利润有保证的商品，小吴提供了包邮服务。新疆、西藏地区不包邮，港澳台暂不支持邮寄，其他地区包邮，详见表9-7。

表9-7　包邮具体情况

是否包邮	地区	邮费（计价方式：按件数）
包邮	北京市、天津市、河北省、山西省、内蒙古、辽宁省、吉林省、黑龙江省、上海市、江苏省、浙江省、安徽省、福建省、江西省、山东省、河南省、湖北省、湖南省、广东省、广西、海南省、重庆市、四川省、贵州省、云南省、陕西省、甘肃省、青海省、宁夏	0
不包邮	新疆、西藏	默认运费1件以内20元，每增加1件增加运费18元
其他	港澳台暂不支持邮寄	—

第三步：制订运费方案

登录网上创业平台，单击"物流工具—运费方案"进入添加运费方案页面，如图9-20所示。

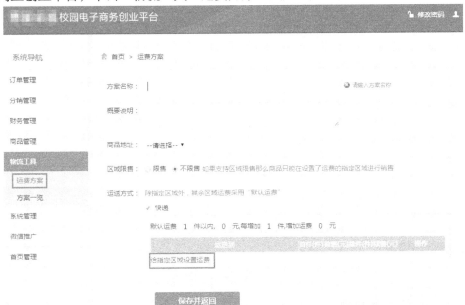

图9-20　添加运费方案页面

知识链接

运费方案（也叫运费模板）就是为一批商品设置同一个运费，如果需要针对不同地区或者件数来调整运费，就可以通过运费模版来实现。

小吴依次填写方案名称、概要说明、商品地址，选择区域限售为"不限售"。

单击"给指定区域设置邮费"，可以选择指定的地区设置邮费，如图9-21所示。

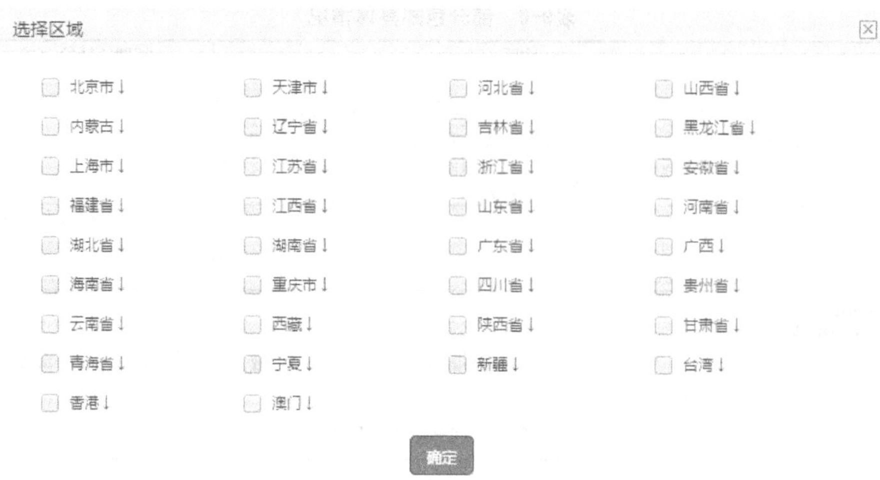

图9-21 给指定区域设置邮费

　　设置北京市、天津市、河北省、山西省、内蒙古等地区为包邮；西藏、新疆、台湾、香港、澳门这几个地区由于偏远或特殊，设置一定的邮费，制订的运费方案如图9-22所示。完成之后，检查无误，单击"保存并返回"按钮完成设置。

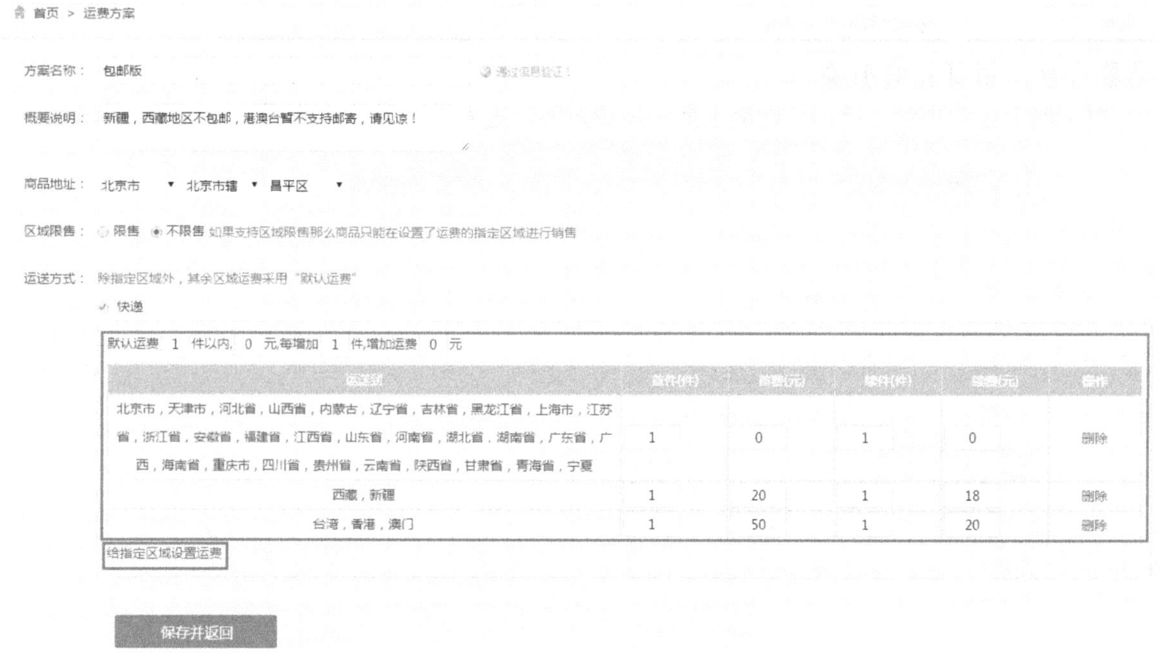

图9-22 小吴制订的运费方案

第四步：把方案连到商品

　　进入"商品管理—平台商品"页面，搜索商品，单击"修改"，如图9-23所示。

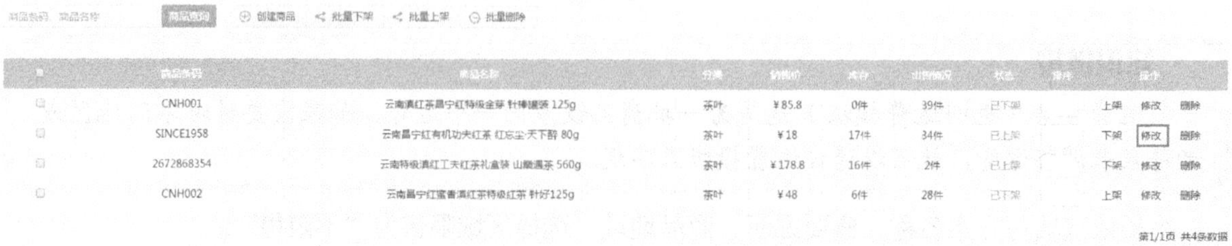

图9-23 网上创业平台商品列表

在"商品基本信息"页面，修改运费方案为上步骤制订的运费方案，如图9-24所示。修改之后单击"发布"。

图9-24　修改运费方案

小吴按照上述步骤修改了其他商品的运费方案。

举一反三

根据上述学习内容，完成以下任务。

1. 请读者为不同行业的微网店选择物流公司，填写表9-8。

表9-8　根据行业选择物流公司

行业	物流公司
化妆品、服装	
计算机、通信、消费类电子产品	
大物件（家居、玩偶等）	

2. 请根据运费对商品分类，填写表9-9，并在网上创业平台添加运费方案。

表9-9　运费方案

运费方案	商品	运费	指定区域
包邮			
不包邮			

本项目旨在在传授知识、形成技能、提高素质中使读者具备微网店管理的能力。商品管理这部分首先要明确商品管理的工作内容，主要掌握创建商品时如何为商品命名，在设计商品主图时注意应用设计技巧。订单管理这部分主要掌握未付款订单的产生原因及客服催付策略，能够及时处理付款订单。客服管理部分是本项目的难点，读者应主要掌握客户关怀策略，熟悉客户异议处理策略、投诉处理技巧。物流管理相对比较简单，通过学习，读者要具备商品运费设置能力。

项目十 微网店营销案例

项目简介

本项目将通过两个成功案例介绍微网店创业过程中的运营模式及营销策略，使读者对微网店营销有一个系统认识，帮助读者深入了解微网店创业。

项目目标

通过本项目的学习，读者应了解不同的微网店创业项目在实际操作过程中的思路、策略和方法，从而为读者提供电商创业过程中的宝贵经验。

任务1 水果微网店营销

任务描述

菓盒是一个专注中高端水果采购、销售、配送服务的微网店，致力于通过网络渠道让客户以更低的价格购买到和高档商场同样高品质的水果。在2016年年初，菓盒通过分销模式进行水果销售，15天创造近50万元的销售额。

小吴从产品与平台选择、团队建设、营销活动策划与实施、分销建立与客户维护四个方面对菓盒商城进行了分析，了解这家水果微网店为什么能够在半个月内创造50万元的销售额。

任务实施

菓盒商城由任蒙哲以及三个合伙人创立于2014年，自创业至今，一直都是生鲜社交电商的领跑者，销售额也是节节攀升。作为水果微网店创业的成功者，必有其营销方法及策略，下面小吴将从以下几个方面对创业过程进行解析。

第一步：团队建设

菓盒创业之初，困扰创始人任蒙哲最大的问题是团队的组建，毕竟团队是项目能否成功的根本。

任蒙哲浙江大学毕业后在上海一个农产品批发市场从事水果安全管理工作长达7年之久。2014年他的孩子出生，为了能让孩子吃上真正放心的水果，他创建了"菓盒"。作为一个创业项目，一个人总归势单力薄。任蒙哲找来了自己的三位朋友。小唐——从事多年水果品控工作，有着丰富的水果品控经验。阿信虽是90后，却有着丰富的渠道经验，善于与各类果商接触。阿三是合伙人中唯一一位拥有"丰厚"互联网运营经验的人才，善于通过网络进行营销和宣传。

任蒙哲之所以找到这三位朋友一起创业，是因为这个团队成员之间的能力可以互补，而且每一个人都可以独当一面。创立水果微网店首先要有货源渠道，合伙人阿信善于与各类果商接触，有着丰富的渠道经验，为微网店的创立奠定了产品基础。菓盒专注于中高端水果，因此对产品的质量有着较高的要求，创始人任蒙哲和合伙人小唐都有着丰富的水果品控经验，共同为产品的质量把关，保障销售的水果符合消费者的高要求。高质量的产品如果没有宣传到位，那最后也不会得到良好的收益，所以就需要合伙人阿三利用丰富的网络运营经验，通过网络宣传销售产品，使微网店获得利润。此外，三个合伙人对于创始人所提出的要做"新鲜、营养、安全的高品质水果"的水果品牌愿望都高度认同。一致的愿望和合理的分工奠定了菓盒后期爆发式成长的基础。

第二步：产品及平台选择

菓盒商城在开创最初的目标用户为具有高品质生活要求的城市白领及对食品安全关注度最高的年轻妈妈人群，所以他们在最初将店铺定位为高端水果销售微网店，主要以进口水果为主，如美国加州血橙、泰国芒果、马来西亚榴莲等。菓盒除了每种水果单独销售外，还推出了各类水果搭配组合，一则方便了用户在水果餐搭配方面的困扰，二则有利于提升店铺的客单价。

在微网店平台选择上，任蒙哲选择人人店作为创业平台，结合微信订阅号进行营销推广，如图10-1、图10-2所示。

图10-1　菓盒商城

营销工具对普通的微网店运营来说会起到事半功倍的作用，用户对于新的营销工具总是充满兴趣，菓盒在选择微网店平台的时候深谙此道，对市面上的各平台进行了综合比对，人人店虽说不是其中市场占有份额最大的，也不是性价比最高的，但是有几个特点刚好契合菓盒的需求。

人人店微网店平台有良好、规范的分销系统，对于没有多少粉丝的菓盒来说这个功能可以帮助菓盒快速扩大销售网络。菓盒利用平台提供的分销系统快速建立起自己的分销团队，利用分销团队的宣传提升和扩大了菓盒的品牌曝光度。

另外，人人店微网店平台的程序更新速度较行业内其他平台快。2015年拼好货模式风靡全国，而人人店紧跟市场趋势在第一时间推出了拼团营销工具。菓盒在营销过程的每个周期都会推出一至多款商品进行拼团活动，不仅增加了粉丝，同时销售额也有了显著的提升。

图10-2 人人店首页

第三步：首批客户获取

创业初期，为了让目标用户对菓盒微网店的理念快速认可，创始人借助自身的工作经历和奶爸的身份撰写了《奶爸和他们兄弟连的水果故事》。创始人的真实经历，加之具有与水果相关才能的三位合伙人的故事，使得整个故事具有更强的可读性和感染力，同时也非常贴切地传达了菓盒"新鲜、营养、安全的高品质水果"的品牌诉求，让菓盒品牌更具亲和力、信任感及品牌传播力。然后迅速通过微信公众号、QQ公众平台等众多自媒体平台进行传播，如图10-3所示。

奶爸和他们兄弟连的水果故事

2007年7月，夏天爸爸任蒙哲（壮爷）浙大毕业后来沪工作，在上海最大的农产品批发市场担任食品安全管理工作，在工作期间配合多部门查处多起水果打蜡、瘦肉精、果蔬农残等安全事件。

2013年8月，夏天妈妈怀孕了。

2014年3月，为了让夏天妈妈和宝宝能享用到更安全、更营养的水果，同时抱着让更多妈咪宝贝能放心品尝到新鲜营养安全的水果理念，壮爷毅然决然的离开了工作7年的单位，"菓盒"由此诞生。

金牌品控小唐：最好的水果全能品控，特别对椰皇的挑选可谓信手拈来，必杀技——秒开椰皇，滴水不撒！

榴莲小王子阿信：挑榴莲熟手中最年轻的，90后里最会挑榴莲的，必杀技——徒手劈榴莲！

设计狂人阿三：PS、AI、corelDRAW、手绘、摄影样样精通，必杀技——自拍要你命！

图10-3 品牌故事

提到互联网的创业项目，很多读者最先想到的那些推广方式肯定无一不与网络营销的方式有关。而菓盒团队在前期推广上跳出了这种思维怪圈，首先想到的是地推。通过地推方式进行推广，可以让客户真真实实地看到水果的新鲜、感受到水果的高品质。在推广初期为了让产品针对性更强，菓盒针对婴幼儿家长重点推广"母婴水果"。这使得品牌影响力得到进一步扩大，公众号粉丝也得到积累，如图10-4所示。

图10-4　菓盒地推活动

菓盒团队之所以选择地推这个较为传统的推广方式，原因有以下几点：

1）菓盒针对地推活动推出了单价并不高的体验装，可以让产品理念、品质更好地渗入用户认知。

2）相较于网络广告投放，地推的用户精准度更高。菓盒团队对于服务范围内的人群进行了系统的调研，孩子家长更加集中在什么地方，他们就选择在什么地方组织地推活动。

3）在地推的过程中更易于引导用户关注公众号、关注店铺。

4）在地推活动中，客户可以亲眼见到商品，体验感更好，用户摸得着、看得见商品，更易于建立信任感。

通过前期地推活动，菓盒快速获得了第一批客户，保证了整个团队的正常运转。

获得第一批种子用户后，菓盒团队继续努力提升自己的品牌形象和扩大受众群体。这次菓盒选择了走进企业，以"员工福利""体验式购买"等形式做活动，不但扩大了品牌知名度，也吸纳了一部分高质量客户，为线上重购打下了一定基础。

第四步：活动策划与实施

微网店运营总体可以概括为三个环节——拉新（吸引新的用户）、留存（新增用户中经过一段时间后留下来的那部分）、促活（促进用户活跃）。

菓盒在积累了前期种子用户后，将运营的重点放在客户的促活上，通过老客户口碑宣传达到拉新的目的。为了实现这样的想法，菓盒策划了多次互动活动，让用户活跃起来。

活动一：水果试吃员招募

免费试吃员招募活动主要是为了调动存留客户的活跃性，通过老客户参与活动、传播活动来吸引新客户关注。为了控制活动的成本和提升老客户的参与度，此次活动设置了一定的门槛——单品购买至少三次以上的客户才可参与，一方面控制了活动的参与人数，让老客户有身份认同感，同时也可提高活跃度不高的客户在平台购物的积极性。

免费为参加活动的试吃员提供了除试吃特权（以很低的价格或免费品尝菓盒新品水果）外的展示特权（优先展示试吃员的评价、晒单等）、众筹特权（深入水果原产地深度体验并分享众筹利润）、分享特权（试吃后分享产品可获得推广礼品）等多种权力和优惠，以充分调动老客户积极参与活动并分享活动，扩大活动的影响力，吸引新客户的关注和参与，如图10-5所示。

亲爱的菓粉：为了让菓盒的品质得到更持久的保障，我们真心地希望得到您的长期体验和严格监督！

如果您是一名菓盒忠实菓粉，且体验菓盒水果单品至少3次以上，欢迎联系我们，您将有机会成为菓盒特聘水果试吃员！

如果您成为菓盒水果试吃员，将可以拥有：

1、【试吃特权】将有机会花很少很少的银子OR免费，品鉴新上市的菓盒水果

2、【展示特权】将有机会将您的评价、晒单OR高颜值展示在出售商品的图片中

3、【众筹特权】将有机会优先获得菓盒众筹Vip资格，菓盒将带领您第一时间深入国内外优质水果原产地、全程体验菓盒团队的寻果过程，获得赏果体验及众筹利润分享

4、【分享特权】如果您觉得试吃的水果还不错，将它分享给身边的小伙伴们，菓盒会给到您一定的推广礼品，或全程扶持帮您打造一家属于自己的菓盒小店

您需要做的仅仅是，告诉菓盒：

1、水果好不好吃

2、物流时效准不准，包装是否合理

3、您认为的合理定价

4、是否有除了鲜食和榨汁外的个性化吃法

5、试吃水果常温或冷藏的保鲜耐久度

图10-5　试吃员招募活动

活动二：家庭晒幸福投票活动

在新品玫瑰金富士苹果上线后，菓盒又策划了另外一场线上互动活动——家庭晒幸福投票活动，通过上传宝宝或全家和菓盒特定产品照片即可参加活动，如图10-6所示。

亲爱的菓粉：

大家好，感谢您对菓盒长久以来的支持和信任，在此菓盒向您致以最真挚的感谢和祝福！2016年正在向我们召唤，在这个辞旧迎新的时刻，菓盒将举办一系列新年感恩回馈活动。

为庆祝菓盒旗下寻果记的首款众筹单品——玫瑰金富士苹果上线销量突破2000单，同时也为了感谢广大菓粉对这款苹果的支持和认可，我们特举办"小时候的自己"家庭晒幸福活动。

当孩子手捧苹果津津有味地品尝时，您是否也会触景生情，回忆起自己小时候吃苹果的样子呢？

为了留住这幸福的时刻，爸爸妈妈们赶紧行动起来，报名参加我们的活动吧！活动详情如下：

Ⅱ、参与作品仅限一张照片即可（宝宝或家庭皆可），但需有"宝宝和玫瑰金富士"的露出，展示形式随意^_^（可参考下图）

"小时候的自己"家庭晒幸福

1、【报名时间】即日起—2015年12月30日晚上22:00或参与名额满自动报名截止。

2、【参与人数】仅限30位（前30位提交材料的参与者）

3、【参与人群】所有菓粉家庭（宝宝或家庭皆可参与，家庭参与人数不限，年龄不限）

4、【参与方式】

Ⅰ、关注菓盒微信公众服务号（ifruitbox），在对话框内回复关键词：小时候，我们会有专属的菓盒活动专员第一时间联系您，一对一进行服务（操作非常简单，如下图）

"小时候的自己"家庭晒幸福活动奖品区

1、最具人气奖3名：人气得票数前3位的宝宝（家庭）；奖品为价值1500元的1年免费宝宝水果辅食供应（每月配送1次，包含但不限于苹果、牛油果、奇异果等）

2、最具创意奖3名：创意得票数前3位的宝宝（家庭）；奖品为价值1000元的半年免费宝宝水果辅食供应（每月配送1次，包含但不限于苹果、牛油果、奇异果等）

3、踊跃报名奖10名：提交参赛材料前10位的宝宝（家庭），且总得票数（人气+创意）超过所有参与者总得票数的平均值；奖品为价值66元的玫瑰金富士苹果1盒

4、阳光普照奖：所有报名参与的宝宝（家庭）；奖品为菓盒购物商城满百减10抵用券3张

备注：每位获奖者将按优先级原则获奖（人气>创意>踊跃>阳光普照），将不

图10-6　家庭晒幸福活动

之所以使用线上投票的这种活动形式，是因为菓盒的客户主要是年轻的妈妈，而年轻妈妈对于晒自己的萌宝照片乐此不疲，而且为了让自己的萌宝得票靠前会调动一切可能的途径为自己的

萌宝拉票。基于这种最质朴的情感和最广泛的参与度，菓盒决定采用投票形式组织活动。而特定的照片要求让产品品牌得到了又一次的传播。

在家庭晒幸福投票活动的策划过程中特别限制前30位参与活动的客户，参与资格先到先得，提高公众号关注用户平时对平台信息的关注度。

活动结束后，菓盒通过微信公众平台及参与客户的再次宣传，达到让品牌二次传播的效果。

知识加油站 》　　　　　**互动性活动营销关键点**

1）目标客户的精准定位。
2）完备的客户信息数据。
3）促进客户的重复购买。
4）有效地支撑关联销售。
5）建立长期的客户忠诚。
6）能实现顾客利益的最大化。

第五步：分销建立与客户维护

一、建立分销

菓盒在店铺运营过程中发现，虽然提供的产品品质和服务客户都很满意，各类互动营销活动客户的参与积极性也很高，但是客户的拉新依旧很难出现爆发式增长。因此菓盒引入分销模式，希望通过这种模式打破困局，让菓盒用户爆发式增长。

为了吸纳有效的分销成员，菓盒团队深入资深吃货群体，这些人当中不乏全职妈妈、公司白领、在校学生……他们不仅仅是吃货，同时还是在朋友圈、在吃货团体当中拥有一定话语权和影响力的人。菓盒通过让他们进行产品体验，在对菓盒品牌理念和产品品质认可的基础上，最终邀请了100多人加入"菓盒家族"组成菓盒的第一批种子分销商。

有了第一批种子分销商之后，因为他们对于菓盒的认可和信任，通过他们的人脉关系和宣传平台积极宣传菓盒品牌和产品。菓盒除了为分销商提供佣金和一定优惠政策之外，也通过微信公众号、官网等途径对分销商进行宣传，吸引新老客户加入以区域划分分销商维护管理的用户微信社群。

有了分销商，紧接着就是尽可能充分地利用分销商的传播资源，做产品推广和销售。菓盒团队从产品出发，生产优质的产品内容，获得分销商的认可，并促使分销商的积极转发和分享。具体从以下几个方面进行实施。

（一）将产品可视化——找到客户最关心的点

菓盒在微信朋友圈、公众号、微信群等渠道宣传过程中通过图片和文案的配合，以海运和空运的对比、甜度/脆度/粒径大小的实测，显示了菓盒团队对产品的认真和专业性，这样的配图比美图后的水果更具说服力，如图10-7所示。

（二）让用户参与到选品过程——将风险降到最低

除了已有的产品，菓盒团队不断寻找全国甚至全球的特色美味水果，将每一次的探索过程以朋友圈图文的形式记录下来，作为"寻果记"系列。每一次发布"寻果记"后都会统计用户的阅读互动情况，根据用户的互动反馈决定产品是否上线，再根据客户的购买意向预估订单采购量。通过这种形式，菓盒将产品的选品风险几乎降到了零，同时产品的压货量也降到了最少。

（三）让分销商积极参与营销活动——将活动影响力做到最大

对分销商和客户来说，上新活动和店铺促销是最具购买吸引力的。在分销商的积极推荐和建议下，菓盒在2016年1月陆续推出了"限时秒杀""拼团"活动，如图10-8所示。通过分销商社群与分销商沟通，在活动前期进行了大范围的活动预热，活动开始后分销商配合积极，在微信社群及朋友圈均进行了宣传，活动当天销售额突破11万元。

图10-7　产品品质可视化展现

图10-8　分销商配合微网店进行拼团和秒杀活动宣传

二、分销商客户维护

（一）积极解决售后问题，给分销商有力支持

生鲜水果由于其产品本身特性造成售后问题在所难免，为此菓盒制定了产品赔付标准和快速响应的售后处理机制，为分销商解决后顾之忧，也让菓盒客户体验高品质服务。

菓盒对于水果本身或者在配送途中造成的损伤，只要客户拍照，客服人员根据坏果的情况直接通过微信现金红包的形式给客户赔付，并向客户致歉，整个赔付过程不超过10min。

（二）与用户深入互动，利用优惠券+现金红包形式对客户认同

对于店铺运营来说，老客户维系永远比拓展新客户更为重要。因此，菓盒除了采取快速赔付机制外，还给予为菓盒建言献策的用户优惠券、现金红包等，以此对客户的行为表示认可。

扫一扫　　查看网络创业故事：微信卖水果月销售额10万元。

举一反三

根据上述内容学习，读者根据菓盒的案例具体表述微网店在运营推广过程中都用到了哪些方法。

任务 2　特产微网店营销

"寻找田野"是一个基于内容营销的精选原产地生鲜食品电商平台，刚刚开始创业，粉丝仅3500个左右。在小吴看来，这个微信公众号在众多大量级的公众号面前，其粉丝数显得不值一提。而就这样的一个微信公众号所依附的微网店却在2016年5月11日—5月25日期间卖出了5万多个粽子，销售额超过百万元。

小吴从"寻找田野"微店的项目前期策划与准备、营销推广、危机处理等方面对其进行了分析，解读其销售额超过百万元的运营策略。

第一步：项目前期策划及准备工作

在全国各地不乏一些特别优秀的地方特产，但很多好特产都没有把自己优秀的一面直观地展现给消费者。"寻找田野"对每一款产品都进行了深入的研究，使用文字、图片、视频等多种方式来立体地展现产品，直观地表现出产品的直接要素，用料是什么，工艺怎样，流程怎么进行等。

在移动互联网的新媒体时代，内容传播的实质没有变，最终能够沉淀下来、能够打动消费者的终究还是内容。"寻找田野"在产品上线前，把产品的宣传重点梳理为四个不同的层面，包括产品的地理特性、吃法习俗、人文故事、制作流程等，针对每个层面创作出不一样的宣传内容。

在"寻找田野"的四喜良粽上线之前创作了文稿近万字、产品图片88张、三条不同角度的短视频，用多元化的内容呈现四喜良粽的特点，让用户感受"寻找田野"不凡的品牌定位和产品理念。

1）制作产品食材介绍视频及图片，如图10-9、图10-10所示，介绍粽子产地的地理习俗特性，分别从肉质、蛋黄、粽叶等方面介绍四喜良粽的湖州粽本身特点。

图10-9　产品食材介绍视频截图　　　　　　图10-10　产品食材介绍图片

2）用明星大厨为四喜良粽的品质做背书；通过名厨为产品做品质保证，让消费者对产品的品质更加信服，如图10-11所示。

3）借与粽子有关富有人文情怀的故事，传播四喜良粽的文化底蕴，如"金庸念念不忘的粽子"等。

4）通过视频全方位展现粽子的整个制作流程，将四喜良粽与普通粽子不同的制作工艺进行对比，如图10-12所示。

5）通过照片实拍并制作成动图的形式直观展现产品的食用过程，使消费者对产品的了解更加直观，更加生动，如图10-13所示。

图10-11 "湖州市十大青年名厨"阿乐介绍产品设计理念

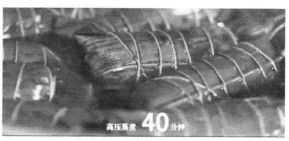

图10-12 产品制作工艺

图10-13 吃得讲究

🖐第二步：利用推广渠道与资源进行整合营销

产品的前期策划及准备工作做好之后，接下来"寻找田野"开始整合各类信息推广宣传资源，将品牌和产品传播出去。

"寻找田野"的四喜良粽产品是依托于湖州粽这一地方美食特产，因此在产品宣传过程中最先想到的是利用美食KOL（关键意见领袖）类的资源。他们选择与美食达人界公信力较强的微信公众号进行盲测活动，通过美食达人的盲测反馈，进一步了解产品的不足和消费者对于产品的认可程度，通过在盲测过程发现产品的不足并予以优化，产品正式推向市场的时候才能得到市场更高的认可和接受。

知识加油站 »»

盲测是指通过技术处理有关产品的品牌标志，使用户在不知具体品牌的情况下，通过实际使用几个同类产品，来比较各个产品的性能。盲测可以使得用户抛弃偏见，抛弃品牌因素，了解自己最中意的是哪款产品。

在盲测的同时，"寻找田野"开始了产品的其他渠道推广。

一、通过自有微信公众号进行产品预售，奠定销量基础

虽然"寻找田野"的微信公众号仅有3500多位用户，但这些用户对"寻找田野"的产品理念、产品品质均认可。在产品预售期间准备的几千份产品快速被抢空，其中不乏一些团购客户。可以说，自有公众号的预售活动为"寻找田野"奠定了销量基础。

二、与众筹平台合作，做线上众筹和预售

在前期盲测的基础上，与众筹平台建立合作关系，依托于众筹平台对产品进行推广。将产品在众筹平台进行众筹活动，由于前期产品宣传筹划比较完善，内容生动、立体，在众筹过程中仅仅三天时间就完成了预期目标的555%。

三、锁定消费人群聚集平台进行联合推广

"寻找田野"的粽子定位高端，如果针对大众消费人群进行推广，效果势必大打折扣。经过分析和寻找，最终与空想生活（原创设计电商）、yami（中国米其林高端餐饮交易平台）、Dr.Wine（葡萄酒社交应用）等平台建立合作。与这些平台采用了CPS（按销售成功订单付费）模式合作，"寻找田野"不仅仅省去了前期推广成本，另外高额的销售回报也能尽可能地激发渠道的推广积极性，如图10-14、图10-15所示。

| 图10-14　产品众筹 | 图10-15　与自媒体联合推广 |

第三步：销量暴增之后的生产优化与处理

由于各个渠道的综合推广，短短10多天时间，"寻找田野"的四喜良粽就售出8000多单，因为手工制作，大量的订单接入导致产能严重不足。此时，为了保证产品的品质不受影响，"寻找田野"团队决定介入产品生产，优化流程。

通过对产品生产流程的分析，他们区分了核心流程和非核心流程，将核心流程由湖州名厨、粽娘团等专业技术人员负责，而不影响产品品质和体验的非核心流程，通过增加雇员进行专业培训后上岗操作，确保产品品质和体验不受影响。

扫一扫　　查看洛禾图是如何通过人人店首月销售额即达32万多元，将冰淇淋卖到全国的。

举一反三

根据上述案例学习，请读者举例说明在地方特产微网店运营推广过程中可以采用哪些方式方法。

项目总结　　通过本项目的学习，读者应对水果微网店和特产微网店的运营和营销有一个基本的认识，其中微网店的营销推广思路是本项目教学的重点和难点，需要读者在了解产品特性基础上明确店铺的定位，针对项目的不同情况提出具有针对性的解决方案。与此同时，通过本项目的学习，读者还可以掌握如何获取微网店的首批客户，如何活跃老客户，如何让客户留存下来，资源应该如何利用，遇到危机情况应该如何应对等，培养读者在微网店创业过程中的综合思维能力和基本的应对能力。

附　　录

附录A　创业团队职能表

部门	岗位名称	岗位职责	岗位要求
—	总经理	1. 负责淘宝网店的整体规划、营销、推广、客户关系管理等经营性工作 2. 能够和商家沟通落实商品的交货日期、质检、成品数量，保证店铺的产品更新、价格议定 3. 研究平台类目及搜索引擎，筛选有用信息促进微网店经营	1. 能够根据店铺不同阶段战略规划充分执行 2. 在执行过程中对团队运作及目标不断调整 3. 能够平衡团队内部传统企业和电商人才的关系，打造一个较好的氛围让团队形成凝聚力和战斗力
—	运营总监	1. 协助总经理完成店铺整体的规划、搭建与运营，能够制订可行性方案 2. 负责微网店平台产品运营，数据效果评估、分析，按时反馈调研结果，做出运营判断 3. 能够制定电子商务市场销售方案、促销策略，提升微网店销售业绩	1. 具有较强的沟通、谈判、逻辑思维、团队协作、分析和执行工作能力 2. 有一定的时尚敏感度，能及时捕捉和预测流行趋势
电商规划/企划部	策划专员/文案专员/市场专员	1. 负责微网店规划和产品规划 2. 及时对整个店铺产品结构、货源对接、产品价格、盈亏情况、市场行情做出准确判断，提出建设性意见	1. 具有敏锐的宏观环境分析判断能力、较强的逻辑思维能力、沟通能力、方案撰写能力 2. 团队意识良好，具有强烈的敬业精神和责任感 3. 对于微网店线上产品运营现状、趋势有深刻见解，思维活跃，有创新精神，能够为团队提供战略性指导意见
视觉营销部	产品设计师/网店美工/摄影师	1. 负责产品拍摄 2. 负责微网店的页面设计、图片处理、店铺装修、活动平面广告制作等，熟悉店铺装修、店铺模版运用 3. 负责微网店全套美工设计，具体包括：店面整体形象设计更新、商品描述美化、店铺产品图片处理、促销活动平面支持等	1. 具有良好的审美观，对色彩敏感，能处理各种视觉冲突的图片 2. 具有一定的文案基础 3. 能够熟练使用Photoshop等制图软件 4. 善于与人沟通、配合度好，有良好的团队合作精神和责任心
市场推广部	电子商务运营推广专员/网店编辑	1. 负责店铺推广和产品推广工作，能够操作使用各种推广工具和手段提升产品曝光量和产品转化率 2. 对微网店自然搜索以及类目搜索认识深刻，能够通过标题、关键词、转化率等因素进行网店优化，提高排名 3. 定期针对广告及活动等的推广效果进行跟踪评估，负责统计、分析推广数据及效果，定期向总监提供统计数据、分析结果以及优化方案 4. 负责策划执行各类营销活动，包括店内特价、返利活动、店内老客户营销活动等	1. 熟练运用关键词优化提高店铺点击率和浏览量 2. 熟悉微网店的运营流程及营销规则 3. 能够通过分析各类数据对店铺做出调整，提高店铺点击率和销售量 4. 具备优秀的推广文案写作以及活动策划能力
客服部	微网店客服专员	1. 通过聊天软件，耐心回答客户提出的各种问题，达成双方愉快交易，处理订货信息 2. 解答顾客提问，引导顾客进行购买，促成交易 3. 为网上客户提供售后服务，并以良好的心态及时解决客户提出的问题，提供售后服务并能解决一般投诉	1. 具有较强的销售能力和工作责任心 2. 打字快，40字/min以上 3. 善于研究消费者心理，有较强的应变能力 4. 吃苦耐劳，脾气好，有耐心，有优秀的服务意识 5. 具备较强的学习能力，可快速掌握产品专业知识 6. 有团队合作精神

（续）

部门	岗位名称	岗位职责	岗位要求
物流部	配送人员/仓库管理员	1. 对于仓库的收货、验货、货品上架、仓储安全做到整齐有序，及时出入库、登记，账目更新 2. 准确无误地核对面单与商品货号、数量等 3. 登记商品出库记录 4. 定期对库房进行盘点 5. 配合经理完成商品采购	1. 具有良好的执行力，认真负责，能够高效完成工作任务 2. 对于仓储情况有全局意识，能够按时做好进销存等工作 3. 做好库房卫生的清扫、保证内部整洁
财务部	会计主管/核算专员/预算专员	1. 负责日程库房进出库盘点 2. 进行网店经营统计 3. 负责日程经营账目管理、网店运营费用预算及来往款项处理	1. 按规定编制部门预算，合理使用资源，做好财务分析和考核 2. 做好记账、算账、结账、报账工作。做到凭证合理合法、手续完备、账目健全、数字准确 3. 对微网店的经营情况要做到日清月结，按日逐笔记录现金日记账，并按日核对库存、现金、费用开支，做到记录及时、准确、无误
行政人事	行政人事专员	1. 负责团队各部门的行政后勤类相关工作 2. 负责考勤和部门一些日常行政事务 3. 负责制定、监督及执行团队管理规章制度、行政人事管理制度以及工作流程、绩效考核制度 4. 负责团队资产配置（包括办公设备、办公用品）的管理工作，包括清点、维护、登记等	1. 较强的管理能力 2. 熟练使用办公软件 3. 做事客观、严谨负责、踏实、敬业 4. 工作细致认真、谨慎细心、责任心强 5. 具有很强的人际沟通协调能力，团队意识强

附录B　执行力绩效考核评分表

部门	岗位名称	姓名	评考月份

考核评分项目

评分项目	考核内容	量化内容	自评	管理考核
工作态度总分值30分	工作主动性10分	工作热情高，能尽心尽责地履行本职工作，对工作一丝不苟（7~10分）		
		有一定的主动工作能力，但还需上级监督（4~6分）		
		工作消极被动，缺乏热情，需要上级不断督促方可完成工作（1~3分）		
	团队配合能力10分	与同事之间有很好的合作，能得到同事的认可，积极互相协助（7~10分）		
		与同事之间合作一般，互动性一般（4~6分）		
		没有团队合作习惯，喜欢单打独斗，与同事之间缺乏默契（1~3分）		
	责任心5分	工作尽忠职守，能从工作细节着手，顾全公司利益，对执行工作精益求精（4~5分）		
		能保证自身工作的执行，解决疑难问题（2~3分）		
		对本职工作责任感不够，主动解决问题能力差（1分）		
	学习能力5分	主动了解微网店的发展方向，树立职责规划和目标，主动提高自身工作能力（4~5分）		
		偶尔向团队请教专业知识，包括指标等知识（2~3分）		
		缺乏自我培养和提高意识，随大流（1分）		

（续）

		考核评分项目		
评分项目	考核内容	量化内容	自评	管理考核
工作质量总分值50分	工作完成进度20分	每日工作按团队规划保质保量完成（15～20分）		
		偶尔无法完成规定工作内容（6～14分）		
		长期无法完成规定工作内容（1～5分）		
	工作时间分配10分	在指定的工作时间内完成分配任务，做到不加班补工，不拖延团队时间（7～10分）		
		偶尔出现由于工作完成情况不理想而加班的情况（4～6分）		
		长期无法在计划时间内完成工作任务（1～3分）		
	工作细节20分	工作细致，有工作计划，有工作总结（15～20分）		
		工作完成情况不佳，无法达到预期目标（6～14分）		
		工作内容、工作预期时间、预期目标均无法完成（1～5分）		
日程规范总分值20分	仪表仪容10分	男、女士工作套装，整体干净整洁（7～10分）		
		男士休闲裤、休闲鞋，女士吊带裙（4～6分）		
		男/女，牛仔类服饰，拖鞋（1～3分）		
	卫生整洁10分	时常保持工作区域整洁干净，工作区内无多余杂物（7～10分）		
		工作区域有少量杂物、垃圾，人离座凳子摆放不整齐阻塞过道（4～6分）		
		办工桌杂乱无章，食用食品后的包装袋随处放置（3次提醒）（1～3分）		
		分数考核		
惩罚机制		总成绩低于80分加班0.5天，低于70分加班1天，低于60分加班1.5天，低于50分加班2天		
奖励机制		总成绩为100分奖励现金200元，总成绩小于100分大于等于95（95≤x<100）奖励现金100元		
考核人签字			被考核人签字	

附录C 客服人员绩效考核表

客服人员绩效考核表							
被考核人		个人编号			填表日期		
所在部门		岗位			入司日期		
考核区间			年 月至 年 月				

			绩效内容						
项目	指标	选取原因	衡量标准		A/B/C/D原理	权重	数据来源	调整条件	KPI值
岗位绩效指标	客单价	销售额/有效付款客户数	A	≥100	A=20	20%	管理系统	下单客户数须大于100	
			B	80≤?＜100	B=15				
			C	60≤?＜80	C=10				
			D	?＜60	D=5				
	咨询转化率	对工作能力的掌握	A	≥%40	A=20	20%	管理系统	下单客户数须大于100	
			B	30%≤?＜40%	B=15				
			C	20%≤?＜30%	C=10				
			D	0≤?＜20%	D=5				
	销售额占比	个人月度业绩占比	A	≥20%	A=25	30%	管理系统	剔除病假内业绩影响	
			B	15%≤?＜20%	B=20				
			C	10%≤?＜15%	C=10				
			D	0≤?＜10%	0≤D＜10				
	平均响应时间	对工作效率的掌握	A	60s内响应	A=20	15%	管理系统	去掉自动回复	
			B	70s响应	B=15				
			C	超过80s	0≤C＜10				
		合计				85%		KPI整体达成值	

（续）

绩效内容

项目	指标	选取原因	衡量标准		A/B/C/D原理	权重	数据来源	调整条件	KPI值
能力指标	执行能力	任务响应速度的执行力度	A		A=5	5%	上级评分		
			B		2<B≤4				
			C		0≤C≤2				
	协作能力/服务性	团队协作分享共同进步	A		A=5	5%	上级评分		
			B		2<B≤4				
			C		0≤C≤2				
	提高性	改善上个月/季度考核中所存在的问题	A	大部分改进	A=5	5%	上级评分		
			B	改善部分	2<B≤4				
			C	全部未改	0≤C≤2				
合计						15%	能力评估分值		
总分（岗位绩效指标+能力评估分值）									
被考核者签字						开始日期			
考核者签字						结束日期			

附录D　推广人员绩效考核表

推广人员绩效考核表

被考核人		个人编号		填表日期	
所在部门		岗位		入司日期	
考核区间			年　　月至　　年　　月		

绩效内容

项目	岗位绩效指标	选取原因	衡量标准		A/B/C/D/E原理	权重	数据来源	调整条件	KPI达成值
岗位绩效指标	流量引入	为客服部门提供买家咨询量	A	达标	4000<A≤5000	20%	平台统计	根据A、B、C、D最优者得高分	
			B	好	3000<B≤4000				
			C	较好	2000<C≤3000				
			D	差	0<D≤2000				
	单日点击率	要求流量大部分来源于活动	A	达标	A>4000	20%	平台统计		
			B	好	3000<B≤4000				
			C	较好	2000<C≤3000				
			D	差	0<D≤2000				
	费用控制	节省推广费用	A	达标	A≤2000	10%	平台活动实施效果	根据A、B、C、D最优者得高分	
			B	好	2000<B≤3000				
			C	较好	3000<C≤4000				
			D	差	D>5000				
	热推商品的点击比率	客户满意度	A	达标	A>40%	15%	平台后台统计		
			B	好	30%<B≤40%				
			C	较好	20%<C≤30%				
			D	差	10%<D≤20%				
	标题搜索流量引入	宝贝权重	A	达标	1500<A≤2000	10%	平台后台统计		
			B	好	1000<B≤1500				
			C	较好	500<C≤1000				
			D	差	0<D≤500				

（续）

绩效内容

项目	岗位绩效指标	选取原因	衡量标准		A/B/C/D/E原理	权重	数据来源	调整条件	KPI达成值
岗位绩效指标	收藏用户数	衡量流量（UV）精准度	A	优秀	1500 < A ≤ 2000	5%	平台后台统计		
			B	良好	1000 < B ≤ 1500				
			C	一般	500 < C ≤ 1000				
			D	差	0 < D ≤ 500				
	浏览量		A	优秀	(UV×5) < PV	5%	平台后台统计		
			B	良好	(UV×4) < PV				
			C	一般	(UV×3) < PV				
			D	差	(UV×2) < PV				
合计						85%	KPI整体达成值		
能力考核	执行能力	任务响应速度	A		A=5	5%	上级评分		
		取决于日常工作执行力度	B		2 < B ≤ 4				
			C		C ≤ 2				
	考勤情况	日常考勤	A		A=5	5%	上级评分		
		根据人事部考勤记录	B		2 < B ≤ 4				
			C		C ≤ 2				
	提高性	改善上个月/季度考核中所存在的问题	A	大部分改进	A=5	5%	上级评分		
			B	改善部分	2 < B ≤ 4				
			C	全部未改	C ≤ 2				
合计						15%	能力评估分值		
总分（岗位绩效指标+能力评估分值）									
被考核者签字：					开始日期				
考核者签字：					结束日期				

附录E 网店美工绩效考核表

美工设计人员绩效考核表

被考核人		个人编号		填表日期	
所在部门		岗位		入司日期	
考核区间			年　月至　年　月		

绩效内容

项目	指标	选取原因	衡量标准		A/B/C/D原理	权重	数据来源	调整条件	KPI达成值
岗位绩效指标	页面停留时间	图片是否吸引用户	A	待定	A=20	20%	管理系统	待定	
			B		B=15				
			C		C=10				
			D		D=5				
	收藏量	图片是否具有诱惑力度	A	待定	A=20	20%	管理系统	待定	
			B		B=15				
			C		C=10				
			D		D=5				

（续）

绩效内容

项目	指标	选取原因	衡量标准		A/B/C/D原理	权重	数据来源	调整条件	KPI达成值
岗位绩效指标	浏览量	图片是否吸引用户	A	待定	A=25	30%	管理系统	待定	
			B		B=20				
			C		C=10				
			D		0≤D<10				
	全店转化率	图片描述是否到位	A	待定	A=20	15%	管理系统	待定	
			B		B=15				
			C		0≤C<10				
合计						85%	KPI整体达成值		
能力考核	执行能力	任务响应速度的执行力度	A	取决于日常工作执行力度	A=5	5%	上级评分		
			B		2<B≤4				
			C		0<C≤2				
	协作能力/服务性	团队协作分享共同进步	A	取决于日常工作过程中的团队的协作能力高低	A=5	5%	上级评分		
			B		2<B≤4				
			C		0<C≤2				
	提高性	改善上个月/季度考核中所存在的问题	A	大部分改进	A=5	5%	上级评分		
			B	改善部分	2<B≤4				
			C	全部未改	0≤C≤2				
合计						15%	能力评估分值		
总分（岗位绩效指标+能力评估分值）									
被考核者签字						开始日期			
考核者签字						结束日期			

附录F 文案人员绩效考核表

文案人员绩效考核表

被考核人		个人编号			填表日期	
所在部门		岗位			入司日期	
考核区间				年 月至 年 月		

绩效内容

项目	指标	选取原因	衡量标准		A/B/C/D原理	权重	数据来源	调整条件	KPI达成值
岗位绩效指标	页面停留时间	文案是否吸引用户	A	待定	A=20	20%	管理系统	待定	
			B		B=15				
			C		C=10				
			D		D=5				
	静默转化率	文案的好坏直接影响静默转化率	A	待定	A=20	20%	管理系统	待定	
			B		B=15				
			C		C=10				
			D		D=5				

（续）

绩效内容									
项目	指标	选取原因	衡量标准		A/B/C/D原理	权重	数据来源	调整条件	KPI达成值
岗位绩效指标	访问深度	文案是否吸引用户	A	待定	A=25	30%	管理系统	待定	
			B		B=20				
			C		C=10				
			D		0≤D<10				
	全店转化率	宝贝描述是否到位	A	待定	A=20	15%	管理系统	待定	
			B		B=15				
			C		0≤D<10				
合计						85%	KPI整体达成值		
能力指标	执行能力	任务响应速度的执行力度	A	取决于日常工作执行力度	A=5	5%	上级评分		
			B		2<B≤4				
			C		0≤C≤2				
	协作能力/服务性	团队协作分享共同进步	A	取决于日常工作过程中团队的协作能力高低	A=5	5%	上级评分		
			B		2<B≤4				
			C		0≤C≤2				
	提高性	改善上个月/季度考核中所存在的问题	A	大部分改进	A=5	5%	上级评分		
			B	改善部分	2<B≤4				
			C	全部未改	0≤C≤2				
合计						15%	能力评估分值		
总分（岗位绩效指标+能力评估分值）									
被考核者签字						开始日期			
考核者签字						结束日期			

附录G 物流人员绩效考核表

物流人员绩效考核表								
被考核人		个人编号			填表日期			
所在部门		岗位			入司日期			
考核区间			年　月至　年　月					

绩效内容										
项目	岗位绩效指标	选取原因	衡量标准		A/B/C/D原理	权重	A/B/C/D原理	数据来源	调整条件	KPI达成值
岗位绩效指标	发货出错率	判断工作细心度	A	达标	A≤0	25%		计算	总发货数×出错订单数/100%	根据A/B/C/D原理最优者得高分
			B	好	0<B≤50					
			C	较好	50<C≤100					
			D	差	100<D≤50					
	发货时速度	判断工作效率	A	优秀	A>4000	25%		观察	上级评分	
			B	良好	3000<B≤4000					
			C	一般	2000<C≤3000					
			D	差	0<D≤2000					
	断货率	工作能力评估	A	优秀	A≤0	25%		计算	总商品数*断货数/100%	
			B	良好	0<B≤50					
			C	一般	50<C≤100					
			D	差	100<D≤50					
合计						75%	KPI整体达成值			

（续）

绩效内容										
项目	岗位绩效指标	选取原因	衡量标准		A/B/C/D原理	权重	A/B/C/D原理	数据来源	调整条件	KPI达成值
能力指标	执行能力	任务响应速度	A	取决于日常工作执行力度	A=5	10%	观察	上级评分		
			B		2<B≤4					
			C		C≤2					
	考勤情况	日常考勤	A	根据人事部考勤记录	A=5	5%	日常考勤记录	上级评分		
			B		2<B≤4					
			C		C≤2					
	提高性	改善上个月/季度考核中所存在的问题	A	大部分改进	A=5	10%	观察	上级评分		
			B	改善部分	2<B≤4					
			C	全部未改	C≤2					
合计						25%	能力评估分值			
总分（岗位绩效指标+能力评估分值）										
被考核者签字						开始日期				
考核者签字						结束日期				